朝日新書
Asahi Shinsho 988

ルポ 大阪・関西万博の深層

迷走する維新政治

朝日新聞取材班

朝日新聞出版

はじめに

海風の心地よさをかき消すような、強い日差しが注いでいた。数分歩くとシャツに汗がにじみ、秋の訪れはまだ感じられない。

2024年10月11日午後3時。大阪湾に浮かぶ人工島・夢洲《ゆめしま》（大阪市此花区）では、開幕が約半年後に迫った大阪・関西万博の会場建設が急ピッチで進んでいた。

目を引いたのが、万博のシンボル・大屋根リング。1周2キロ（直径675メートル）で、高さは12～20メートル。世界最大級の木造建築物とされ、会場中心部を取り囲むように建つ。建設費は344億円に上り、野党の国会議員が「世界一高い日傘」と批判するなど、物議をかもした。

リングの75段の階段を上がり、来場者が歩ける空中歩廊に着いた。すでに1周はつながり、芝生を張る作業が続いていた。そこから会場中心部を見渡すと、「万博の華」と言われる各国のパビリオン（展示館）を建てる現場が見えた。

完成した海外パビリオンはなく、大半は鉄筋の足場が組まれていた。数十のクレーンが立ち並び、重機の鈍いエンジン音や「カンカンカン」と金属をたたく音が響く。長袖・長ズボン姿の作業員らは、木製の板を運んだり、施設の外装をチェックしたりしていた。

「準備はこれから正念場を迎える。建設工事は順調に進んでいるが、開幕までにしっかり間に合うよう気を引き締めたい」

万博を主催する2025年日本国際博覧会協会（万博協会）の副事務総長・高科淳はリング上で、報道陣にそう話した。2カ国のパビリオンが着工していなかったが、開幕までに工事が間に合わないと申し出た国はないという。

成功のために欠かせない前売り入場券の売り上げは、この時点で約700万枚。開幕までの目標の半分ほどにとどまっていたが、「魅力的なコンテンツがたくさんあるので、ちゃんと届く形での発信もしっかりやりたい」と語った。

万博には大規模で総合的なテーマを扱う登録博（旧一般博）と、規模は比較的小さくて特定のテーマに絞った認定博（旧特別博）がある。今回は登録博で、日本では1970年の大阪万博、2005年の愛知万博に次いで3回目となる。

テーマは「いのち輝く未来社会のデザイン」で、コンセプトは「未来社会の実験場」。

約160カ国・地域が参加して、自国の科学技術や文化、歴史を伝える。パナソニックホールディングスや住友グループなど13企業・団体のパビリオンもある。メディアアーティストの落合陽一ら8人のプロデューサーも、それぞれパビリオンを手がける。

半年の期間中に、350万人のインバウンド（訪日外国人客）を含めて2820万人の来場者を見込んでいる。経済波及効果は2兆～3兆円とはじいた。

大阪・関西万博の会場建設現場＝2024年10月11日、大阪市此花区

会場の夢洲は、人気観光地のユニバーサル・スタジオ・ジャパン（USJ）や海遊館（水族館）から数キロ圏内にある。広さは阪神甲子園球場約100個分（390ヘクタール）で、万博ではその約4割（155ヘクタール）を使う。

夢洲はかつて、大阪市が湾岸部に開発をめざした「新都心」の一部として位置づけられたが、バブル崩壊によって計画は頓挫した。08年に開催をめざした「大阪五輪」の選手村の建設予定地にもなったが、誘致合戦で北

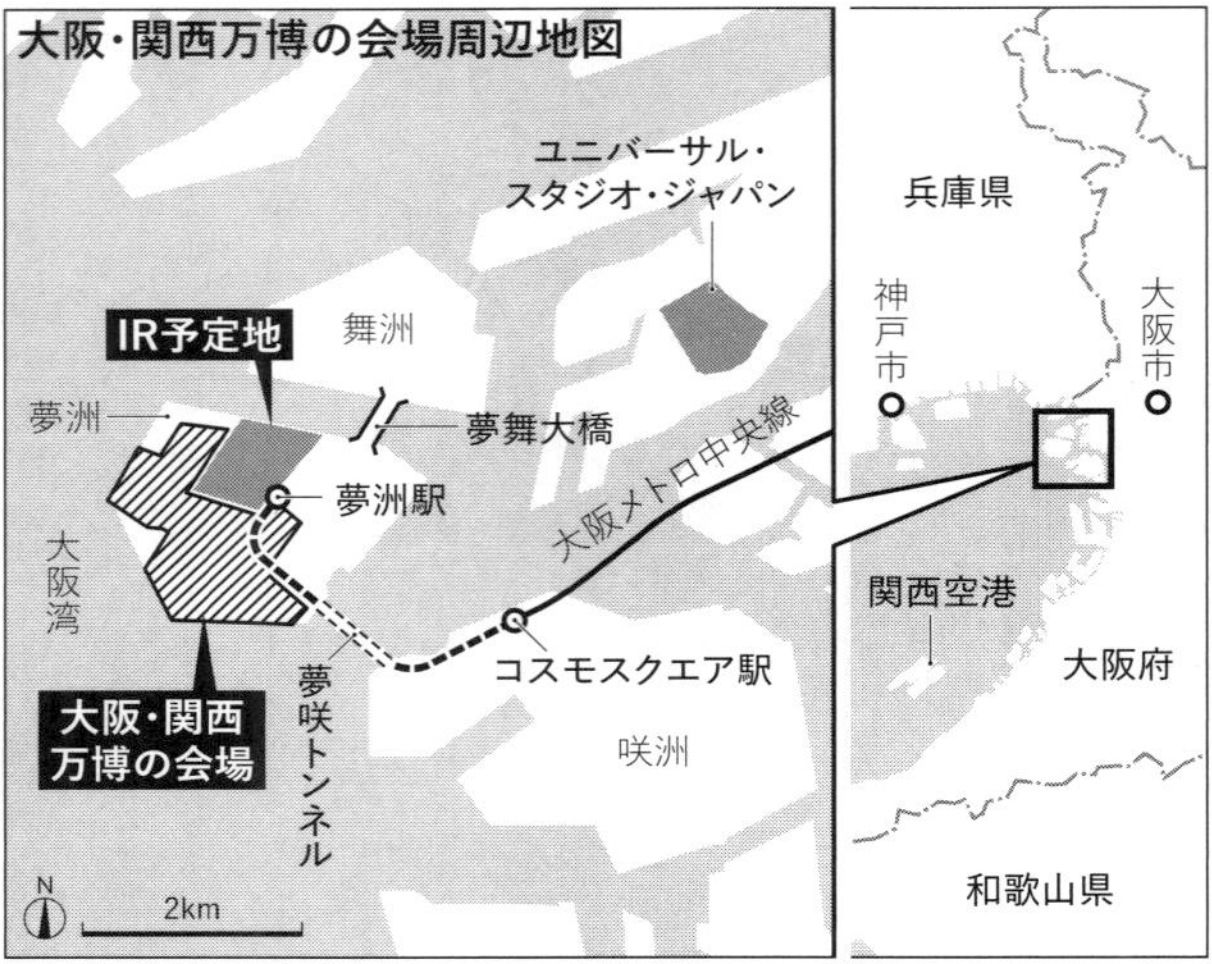

京に敗れた。

廃棄物などの埋め立て地として本来の役割は果たし続けてきたが、埋め立て後の本格的な活用策はなかなか定まらず、「負の遺産」とも呼ばれた。

そんな夢洲への万博誘致を推し進めたのが、大阪維新の会だった。東西2極の1極を担い、成長する大阪をめざすべきだと訴える地域政党だ。

当初のかけ声は、「東京五輪後の経済の起爆剤に」。日本は1964年に東京五輪、70年に大阪万博を開き、国中が沸いた。そんな高度経済成長期の夢を再び追うかのように、大企業の東京への流出などで衰退した大阪経済を底上げする一手として浮上したのが、今回の万博だった。

維新と「蜜月」を築いた安倍政権も、開催を後押しした。2018年の博覧会国際事務局（BIE）総会で開催が決まると、祝福ムードが大阪を包んだ。

私は1991年に生まれ、大学卒業までの22年間、関西で暮らした。朝日新聞の記者になってからは北海道、茨城、東京で計7年勤め、2021年4月から大阪を拠点にして、万博の取材を続けている。

久しぶりに関西に戻った当初は、コロナ禍のまっただ中。「ステイホーム」「三密（密閉・密集・密接）の回避」が叫ばれ、社会活動の本格的な再開がまだ見通せなかった。万博をめぐっては、コロナ禍の影響で参加国・地域を増やすための誘致活動の遅れが問題になっていたが、世の中の大きな関心事ではなかった。

空気が変わったと感じたのは、23年7月だった。

各国が独自に建てるパビリオンの建設遅れが表面化し、国民から大きな批判を招いた。さらにその後、公費が3分の2を占める会場建設費の2回目の上ぶれが決まり、当初想定の2倍に近い最大2350億円に膨らんだ。建設の現場では爆発火災が起きた。

近年はインターネットが発達し、世界中の情報を手軽に知ることができる。海外旅行も昔より普及した。そんな時代に万博を開く意義についても、疑問の声が相次いだ。細胞（赤色）と水（青色）をモチーフにした公式キャラクター「ミャクミャク」が腕を突き上げるポスターは街中にどんどん増えたが、開催に向けた機運はなかなか高まらなかった。

大阪で強い地盤を誇る維新も、万博への批判が一因となって低迷する。府内の首長選などでは、公認した候補が相次いで敗れた。大阪維新の会を母体とする国政政党・日本維新の会は一時、野党第1党をうかがう勢いだったが、立憲民主党や国民民主党が躍進した24年10月の衆院選で、議席を減らした。

大阪・関西万博は25年4月13日、ついに開幕する。

有名歌手のコンサート、大相撲、花火大会……。パビリオンでの展示以外にもさまざまな催しがあり、「明るいニュース」を見聞きする機会も増えると思う。関西出身の私にとっても、大阪への注目が高まるのは嬉しいことだ。

一方で、巨額の公費をつぎ込んだからには、成果は厳しく問われる。人口減が急速に進むなか、お金や人材といった限られた資源の使い道は、これまで以上に真剣に考えないと

大阪・関西万博や維新をめぐる主な出来事

2008年	1月	大阪府知事選で橋下徹が初当選
10年	4月	地域政党・大阪維新の会が結党
11年	11月	府知事選で松井一郎が初当選、大阪市長選で橋下が初当選
12年	9月	国政政党・日本維新の会が結党
	12月	日本維新の会が初めての衆院選で54議席を獲得
		第2次安倍政権が発足
14年	8月	大阪維新の会が大阪都で実現する政策として「万博誘致」を明記
15年	5月	大阪都構想が住民投票で否決
	7月	万博会場として6カ所の開催可能地が例示(夢洲は含まれず)
	11月	府知事選で松井が再選、大阪市長選で吉村洋文が初当選
	12月	橋下、松井、安倍晋三、菅義偉の4人が東京都内で会食
16年	5月	万博会場は夢洲を軸に考える方針を松井が菅に伝達
17年	4月	万博開催の立候補が閣議了解
18年	11月	BIE総会で万博の大阪開催が決定
19年	4月	府知事選で吉村が初当選、大阪市長選で松井が初当選
20年	9月	菅政権が発足
	11月	大阪都構想が住民投票で再び否決
	12月	万博の基本計画で大屋根リング構想が浮上、会場建設費が1850億円に上ぶれ
21年	10月	岸田政権が発足
23年	4月	府知事選で吉村が再選、大阪市長選で横山英幸が初当選
		夢洲でのIR整備計画が国から認定
	7月	万博の海外パビリオンの建設遅れが表面化
	8月	岸田文雄が危機感「万博の準備はまさに胸突き八丁の状況にある」
	10月	万博の会場建設費が最大2350億円に上ぶれする見通しが公表
	11月	会場建設費の2度目の上ぶれが決定
		万博の電子チケットの販売開始
	12月	万博の運営費が1160億円に上ぶれ
24年	1月	能登半島地震が発生
	3月	万博の会場建設現場で爆発火災が発生
	4月	吉村がコメンテーターへの「万博出禁発言」を謝罪・撤回
	8月	万博会期中の「IR工事中断要請」が表面化
	10月	石破政権が発足
		万博の紙チケットの販売開始
		日本維新の会が衆院選で6議席減らして38議席に
	12月	日本維新の会の代表選で吉村が当選
25年	4月	万博が開幕

いけない時代だ。東京五輪をめぐる談合事件を受け、巨大イベントの開催に厳しい視線が注がれている状況でもある。

万博が終われば、主催側は「成功」をしきりにアピールするだろう。だがそれを額面通りに受け取って良いのか、公費に見合うイベントだったのか、貴重な機会を十分に生かし切れたのかは、一人ひとりが考えるしかない。

その一助となれるよう、会場などでの万博の「見え方」を広げ、閉幕した後の検証にも役立つ基盤を残したい――。そんな思いで本書を企画し、これまで政治・経済・社会のさまざまな角度から万博の取材を続けてきたメンバーとともに執筆した。

本書は五つの章で組み立てている。万博の誘致・準備をめぐって起きた出来事を深掘りし、主催側が発した言葉も多く記した。

第1章「維新混迷」では、万博の誘致が始まってから開幕近くまでの流れを維新政治の視点から描いた。第2章「膨らみ続けた経費」では、万博に使う公費などの全体像を示し、上ぶれの要因を掘り下げる。第3章「海外パビリオン騒動」では、予定より遅れたパビリオン建設をめぐる内情を明かし、各国の万博への思いも伝える。

第4章「夢洲が招いた危機」では、人工島を会場に選んだことが引き起こした問題について書いた。第5章「万博への直言」では、万博への期待や準備の問題点について、12人の識者らに語ってもらった。

朝日新聞ネットワーク報道本部記者　箱谷真司

ルポ　大阪・関西万博の深層　迷走する維新政治

目次

はじめに

第1章　維新混迷

第2章　膨らみ続けた経費

第3章　海外パビリオン騒動

第5章　万博への直言

おわりに

敬称略。肩書は当時
図版は朝日新聞を参考に作成
写真（特に表記のないもの）　朝日新聞社

第1章

維新混迷

「惨敗」の衆院選

衆院選の開票が続いていた、2024年10月27日午後9時すぎ。

「特に何か『トーンダウン』したとか、意識したものはない。素晴らしい万博を必ず実現したいと思います」

黄緑のジャンパーを着た日本維新の会共同代表・吉村洋文（大阪府知事）は、淡々と話した。各地で行った衆院選の応援演説で、万博への言及が以前より少なかったのではないか——。そんな記者からの質問への答えだった。

会見の場所は「リーガロイヤルホテル」（大阪市北区）。JR大阪駅から南西へ1～2キロにある。日本の総理大臣や皇族、海外の国家元首、アメリカ大統領を退任したカーターやフォードも過去に訪れた。「大阪の迎賓館」とも言われる老舗のホテルで、維新の幹部らが大型選挙の投開票日に会見を開くことが多い。

吉村は「トーンダウン」を否定したが、維新の選挙公約に「万博」の文字はない。衆院選の公示前には、報道陣にこうも語っていた。

「万博って政局じゃないと思っている。別に自民党と万博で何か戦うことはない」

たしかに万博は国、大阪府・大阪市、経済界が協力して開く国家プロジェクトだ。だが維新は誘致の旗を振り、これまでの選挙などでも維新の成果として、万博をたびたび前面に押し出してきた。

ホテルの会見場で吉村の横にいたのは、日本維新の会代表の馬場伸幸だった。報道では維新の劣勢が伝えられていたが、こう強調した。

「風向きによって議席数は増えたり減ったりする。かねてから最大の目標は『与党の過半数割れ』であり、時々の議席数にこだわりはない」

だが一夜明けて固まった選挙の結果は、「惨敗」（維新幹部）とも言われるものだった。

全国政党化をめざして前回の1・7倍にあたる164人を立てたが、公示前から6減の38議席に終わった。比例票は300万近く減らした。「お膝元」の大阪では全19小選挙区で勝った一方で、比例票は56万も少なくなった。

記者会見で話す日本維新の会共同代表の吉村洋文（左）と代表の馬場伸幸＝2024年10月27日、大阪市北区のリーガロイヤルホテル

今回は「政治とカネ」が大きな争点になった。「身を切る改革」を掲げて勢力を広げてきた維新にとっては、好機のはずだった。

しかし大阪を除けば、「野党の中で一人負けのような状態」（吉村）となった。立憲民主党や国民民主党は、議席を大幅に増やしていた。

要因はいくつか考えられる。

自民党派閥の裏金問題をめぐっては、ちぐはぐな対応を繰り返した。政党から政治家個人に支出される政策活動費の領収書を10年後に公開することを条件にして党首会談に応じるなど、政権に塩を送るような姿勢も見せた。

馬場は維新が「第2自民党でいい」と述べたこともあった。「改革政党」をうたってきた党のイメージを揺るがしかねない発言だった。

ある維新議員は漏らした。

「維新は自民党寄りの政党だとみられている」

不祥事も相次いだ。大阪維新の会が党内で調査をすると、ハラスメントについて14件の申し出があり、そのうち5件を認定した（23年12月公表）。いずれも「威圧的な言動など」というが、関係者のプライバシーなどを理由に詳しくは明かさなかった。

前回21年10月の衆院選では、議席を公示前の約4倍（41議席）に増やし、自民党、立憲民主党に次ぐ第3党になった。22年7月の参院選でも改選議席を2倍（12議席）に伸ばし、比例区に限っては立憲民主党を抜いて野党第1党になった。23年4月の統一地方選でも大勝した。

党勢を広げて国政で野党第1党をうかがっていたが、勢いは完全に消え失せていた。その最初のつまずきは、万博だった。

維新創立メンバーの「置き土産」だったはずの万博はいつしか、維新への逆風を招く存在になっていた。

そんな「維新印」の万博はなぜ、開かれることになったのか。

きっかけは、10年以上も前にさかのぼる。

北浜の寿司屋で

「堺屋さんが『大阪を成長させていくためには、世界的にインパクトのあるイベントが必要だ』とおっしゃった。そして『橋下さん、松井さん、もう一回、万博やろうよ』という話になった」

「『東京が2度目のオリンピックなら、大阪は2度目の万博だ』という思いがあったのだと思う。堺屋さんといえば、1970年の大阪万博を大成功に導いた立役者である。ここから2度目の大阪万博開催を模索する動きが始まった」

万博の誘致が決まった時に府知事だった松井一郎は、自著『政治家の喧嘩力』（PHP研究所）で、そう振り返った。

東京五輪の開催が決まって日本中が沸いた2013年。北浜エリア（大阪市中央区）の寿司屋で食事をしていた時に、大阪で再び万博を開く話が持ち上がったという。

これが、万博誘致の始まりとみられる。

「堺屋さん」とは、経済企画庁長官や作家として活躍した堺屋太一のことだ。

1935年、大阪市生まれ。60年に通商産業省（現経済産業省）へ入った。日本で万博を開く必要性を訴え、70年の大阪万博が決まると自らも企画に携わった。

官僚を務めながら、作家としてデビュー。流行語にもなった小説『団塊の世代』（76年）はベストセラーになった。2010年の上海万博に出展された日本産業館（パビリオン）で総合プロデューサーを務めるなど、万博への思い入れは強かった。大阪・関西万博の開催が決まった翌年の19年に亡くなっている。

「橋下さん」とは、維新創立者の橋下徹のことだ。

1969年、東京都生まれ。早稲田大学政治経済学部を卒業し、弁護士になった。日本テレビ系のテレビ番組「行列のできる法律相談所」にレギュラー出演して、世に知られた。当時は茶髪にサングラス。「異色の弁護士」として人気を博した。

2008年1月の大阪府知事選に出て、財政の立て直しなどを訴え、初当選を果たした。現職では全国最年少(38歳)の知事となった。

橋下に出馬を促し、その後も後見人のような立場で支えたのが堺屋だった。

増税よりカジノ

「いまの大阪府は破産状態にあることを認識してほしい。賛否両論のわき起こる攻めの政策立案をしてほしい。僕が責任を持って対処する」

橋下は就任あいさつでそう話し、次々と改革を打ち出した。

職員の給与は大幅に減らし、文化事業のリストラも進めた。全国学力調査の市町村別の結果を公表するよう教育委員会に求め、大阪(伊丹)空港は廃止を含めて検討するとした。

大阪湾岸部(ベイエリア)の活性化にも手をつけた。

スピーチをする堺屋太一（中央）と橋下徹（左）
＝2010年９月15日、大阪市中央区

万博より先行して取り組んだのが、カジノの誘致だった。09年に構想を打ち出し、その後はシンガポールやマカオの施設を相次いで訪れ、誘致の可能性を探った。

カジノの合法化をめざす国会議員らが集まった会合（10年10月）では、こう話した。

「増税よりカジノ。収益の一部は教育、福祉、医療に回す。隣の兵庫県知事が反対しても無視。わいざつなものは全部大阪が引き受ける」

そして10年1月に突如として打ち出したのが、「大阪都構想」だった。

大阪市を廃止して特別区に分け、市の権限を府に集中させる統治機構改革を指す。府と市が対立する「二重行政」によって政策が前に進まず、「府市合わせ（不幸せ）」と揶揄《やゆ》された状況を変えたいという思いが根底にあった。「府市一体」を実現して意思決定を早め、長年にわたって衰退した大阪の経済をてこ入れしようと考えた。東京一極集中に対抗できる強い都市をめざした。

大阪都構想を実現するために4月に立ち上げたのが、地域政党・大阪維新の会だった。府議、大阪市議、堺市議ら計31人が加わった。橋下が代表、松井が幹事長に就いた。創立メンバーには後に維新の中核を担う馬場伸幸や、「万博出禁発言」で批判を浴びる上島一彦らもいた。

翌11年の大阪ダブル選（府知事選と大阪市長選）で、府知事に松井、市長に橋下が就くことになった。府市の両トップを維新が握る「一強」が始まった。

橋下は12年、大阪維新の会を母体とする国政政党・日本維新の会も立ち上げた。大阪都構想の実現に向けた法整備を進めるためだった。

日本維新の会はその後、分裂や結党を繰り返して名前も変わったが、16年から当初と同じ名前に落ち着いている。

大阪都で万博を実現

「北浜の寿司屋」で万博の話が持ち上がった翌年の14年、誘致に向けた検討が本格的に動きだした。

大阪維新の会の府議団などは8月6日、府の施策について提言を出した。

「東京オリンピックが開催される2020年は、IRの誘致が大阪で可能になれば、東西の2極において世界中から日本に注目が集まる年となる」

「IRとともに（25年に）国際万国博覧会の開催が可能となれば世界中から大阪へアプローチするイベントとなる」

提言にはそんな言葉を並べ、万博の誘致を促した。府知事の松井は同じ日、政策企画部企画室に対して、誘致について検討するよう指示した。

それから9日後。大阪維新の会は、大阪都構想の住民投票に向けた政策素案（マニフェスト）を発表した。

大阪都として実現する政策として、万博の開催やIRの誘致を掲げた。都構想でめざす街の姿をアピールするのが狙いだった。IRはカジノのほか、ホテル、国際会議場、展示場、ミュージアムなどが集まる統合型リゾートだ。

それらを実現して「国際エンターテイメント都市」をめざし、年2％以上の経済成長を果たすという目標を掲げた。

だが翌15年5月17日、大阪都構想は住民投票で否決された。

反対70万5585票、賛成69万4844票。差はわずか、1万741票だった。

橋下は「（住民投票の結果を）大変重く受け止める。悔いのない政治家としての人生をやらせてもらった」と話し、大阪市長の任期（15年12月まで）を終えてから政界を去った。

都構想はかなわなかったが、万博の誘致は続けられた。

住民投票から約2カ月後の7月28日。府市や財界の幹部、有識者でつくる国際博覧会大阪誘致構想検討会の4回目の会議で、府が委託した調査会社は「国際博覧会開催可能地」を例示した。選ばれたのは、次の6カ所だった。

・彩都東部＋万博記念公園（吹田市など）
・服部緑地（豊中市）
・花博記念公園鶴見緑地（大阪市鶴見区など）
・人工島・舞洲（大阪市此花区）
・大泉緑地（堺市）
・りんくう公園＋りんくうタウン（泉佐野市など）

府側はこれらについて、開催の規模に合う100ヘクタール（阪神甲子園球場約26個分）以上の用地が確保できると見込んだ。鉄道や道路など、交通の利便性も高いと考えた。

東京の日本料理店で

その後の万博誘致を引っ張ったのは、松井だった。都構想が否決されてから半年後の15年11月の知事選で「万博誘致」を公約に掲げ、再選を果たした。同じ日の大阪市長選では、後に「維新の顔」となる吉村洋文が橋下の後継指名を受けて出馬し、初当選した。

松井は1964年、大阪府八尾市生まれ。福岡工業大学工学部を卒業して、関西電力グループの設備工事会社に勤めた。2003年の府議選に自民党公認で出て、初めて当選した。「親分肌」と評され、自民党府議団の政調会長まで務めた。だが橋下が進めた府庁舎の咲洲（大阪市住之江区）への移転をめぐって党内で意見が割れ、離党した。その後、維新の創立メンバーに名を連ね、重役を担い続けた。

松井の前には、大きな壁が立ちはだかった。万博を開くためには協力が欠かせない関西経済界が、難色を示したのだ。

経済界は万博の開催が決まった後、巨額の出資も引き受けている。だが当時は、慎重論が根強かった。

「投資への効果が期待できない」

「いまの時代に、いったい何をアピールするのか」

05年の愛知万博では経済界が会場建設費の3分の1を負担したが、大阪にはトヨタ自動車のように中核になる企業も見当たらなかった。

府は約3・3兆円と見積もった府域への経済波及効果を記したパンフレットをつくり、企業を回った。だが、反応は冷ややかだったという。

大阪府知事選で当選を決めて記者会見に臨む松井一郎＝2015年11月22日、大阪市北区

ある関西財界の幹部は言った。

「費用対効果をシビアに見る必要があり、（各企業に寄付を割り当てる）『奉加帳方式』による募金は難しい」

松井が状況を変えるために頼ったのが、安倍政権とのパイプだった。

憲法の改正に前向きな維新は、自民の「悲願」を達するための協力相手として期待されていた。松井は首相の安倍晋三や官房長官の菅義偉と親交が深かった。

万博が政権の後押しを受けて成長戦略に組み込まれれば、関西経済界も無視できなくなるだろう――。そんな思惑があったとみられる。

万博の誘致は当時、「夢物語」(府幹部)だと思われていた。事態が動いたのが、15年12月19日の会食だった。

東京・永田町のザ・キャピトルホテル東急。その中にある日本料理店「水簾」で、松井、橋下、安倍、菅の4人が向き合った。

松井が万博の必要性を訴えると、安倍は東京五輪後に経済を底上げする一手として、関心を示した。関係者によると、安倍はその場で菅に協力するよう指示。菅はすぐに経済産業省に連絡して、万博について大阪府と検討するよう指示したという。

年が明けて16年1月14日。松井は首相官邸で菅と会い、「大阪万博から55年後の25年に万博を開催したい」と正式に協力を求めた。

健康・長寿を万博のテーマにする考えも説明した。誘致に挑むには閣議了解が必要になるが、菅は「検討する」と応じたという。

松井は菅との会談を終えた後、記者団に語った。

「国家プロジェクトとしてやろうという国の意思表示がはっきり出れば、大阪の経済界も参加してもらえると思う」

急浮上した夢洲開催

人工島・夢洲での開催が、突如として浮上する。

六つの「開催可能地」が例示されてから約10カ月後の16年5月21日。松井は東京都内で菅に再び会い、会場は夢洲を軸に考える方針を伝えた。

大阪府・大阪市（府市）はすでに、夢洲をＩＲの候補地として位置づけていた。交通インフラの整備や周りの開発が進めば、ＩＲの誘致に向けて相乗効果が得られると考えたという。

数キロ圏内にはユニバーサル・スタジオ・ジャパンがあり、集客での利点もあるとみた。

当時の関係者は後に、こう振り返った。

「6カ所の候補地が挙がっていたが、（心の中の）『本命』はずっと夢洲だった。堺屋太一さんは70年大阪万博の会場（万博記念公園）で2度目の万博開催を推していたが、さすがに森は開発できない。ほかの候補地も広さの確保などで問題があった」

健康・長寿を掲げる万博と、ギャンブル依存症が懸念されるＩＲをセットで考える発想には、疑問の声も上がった。

「ブラックユーモアのようだ」（大学名誉教授）
「（万博とIRは）相性が悪い」（府関係者）

だが「維新一強」の府市は、万博とIRの二兎を追う戦略で突き進む。

府は誘致構想の原案を取りまとめ、6月16日に経産省などに伝えた。

テーマは「人類の健康・長寿への挑戦」とした。発展途上国での飢餓や感染症の広がり、先進国で進む高齢化などを踏まえ、設定したという。府が成長戦略の柱に据える先端医療分野を生かす狙いがあった。

会場の候補地は「夢洲」と記した。参加は150カ国・機関、来場者数は3000万人を目標として掲げた。会場建設費は1500億～1600億円と見込み、全国での経済波及効果は6兆円とはじいた。

松井試案

それから2週間後の16年6月30日。夢洲での開催などについて、公の場で話し合いが始まった。

府市や財界の幹部、有識者らでつくる2025年万博基本構想検討会議の1回目の全体会議が大阪市内であり、松井の「基本構想試案」が示された。

他の国々も誘致に向けて検討を進めるなか、「私が考える具体的なイメージを早急に明らかにする必要がある」と考えたという。

会場の候補地はこれから検討して決める必要があると前置きしつつも、「本資料においては『夢洲地区』と想定して作成した」と記した。

神戸や京都など各都市からのアクセスが良く、「魅力ある観光拠点形成」をめざす地区であるとして、こう評した。

「世界への情報発信拠点として、ふさわしい地である」

基本構想検討会議は、「全体会議」「理念・事業展開部会」「整備等部会」が計9回にわたって開かれた。夢洲も含めて7カ所を候補地として、検討が進んだ。

7月22日にあった初回の整備等部会では、夢洲について肯定的な意見が委員から上がった。

「夢洲はグランドデザインが一から描けるという、最初の大阪万博をやった時と同じような状況にある」

「臨海地区の埋め立て地は自然破壊が非常に少ないと思われる。気持ちのいい博覧会会場をつくろうとした時に、できるだけ広さはあった方がよい。私としては夢洲が一番良い」

「ちょうどいま、ＩＲを夢洲に誘致しようという動きがあるので、それとリンクさせるのが一番合理的と思う。（問題としては万博と）ＩＲとの前後関係、これが一体どうなるのか明示されていない」

一方で、部会長の橋爪紳也は警鐘を鳴らした。

「（夢洲の）メガソーラーで使っているところは産廃（産業廃棄物）で埋めているので、ここを使うわけにはいかない」

のちに万博会場を建設して、メタンガスへの引火が原因とみられる爆発火災が起こる区域を指していた。

分散開催も浮上

ベイエリアでの「分散開催」が取りざたされたこともあった。

松井は16年8月9日、夢洲だけでなく隣の人工島・咲洲と舞洲も含めて開催を考える方針を示した。

万博に間に合わせるために夢洲の埋め立てを前倒しすれば、約２００億円が追加でかかると試算で分かったからだ。

松井は「メイン会場は夢洲になるが、周辺エリアも使いたい」と話した。

基本構想検討会議の委員らは12日、「万博記念公園」「大泉緑地」「舞洲」「夢洲」の4カ所の候補地を視察した。

その日の整備等部会でも土地の確保などを踏まえて、夢洲を推す声が目立った。

「コストの分をいかに全体として投資を誘発して回収していくか。（国際会議や展示会などを意味する）MICE、観光、文化、そういった分野で回収できることが実証、検証できれば、夢洲がベストかなと思う」

「交通・インフラ建設に金がかかるとは思うが、相対的に夢洲がいいという感じがした。万博後の跡地を念頭に置いた場合、大阪府あるいは大阪市が、今後どのような都市設計をしていくかが重要になる」

一方で、慎重な声もあった。

「みなさん夢洲の線が強いのかなと思うが、（鉄道の整備や埋め立てで）かなり予算がかかりそう。万博だけで考えた場合、採算に合うのか疑問だ」

松井と大阪市長の吉村は9月21日、会場の候補地について夢洲の約100ヘクタールに集約する考えを明らかにした。

埋め立てがほぼ終わった土地や空き地を活用して、万博を開く方針を示した。島の行き来は現実的ではないとして、「分散開催」は見送った。

その8日後にあった基本構想検討会議の全体会議では、それまでの議論も踏まえて府が取りまとめた基本構想（素案）が示された。

開催場所は「『夢洲』を想定」とした。それにあらがう意見は出なかった。

テーマも変わらず、「人類の健康・長寿への挑戦」となった。健康・長寿にかかわる産業は今後、国内外で拡大が見込まれるとした。高齢化が進むなか、健康寿命をどう延ばすかといった日本の課題解決にもつながると考えたという。

基本構想は10月28日、最後の全体会議で承認された。「夢洲案」を菅に伝えてから約5カ月後、「松井試案」が公表されてから約4カ月後のことだった。

関西経済界も前向きに

開催地やテーマが固まるにつれて、安倍政権も本格的に後押しするようになる。

安倍は16年9月28日の衆院代表質問で、万博についてこう評した。

「観光客が増大し、地域経済が活性化する起爆剤になる」

菅も翌日の記者会見で、意義を語った。

「大阪のため、日本のため、誘致は一つの大きな起爆剤になる」

そんな流れを受け、関西経済界は一転して前向きな態度を取り始める。

「安倍首相が『万博についてしっかり検討を進める』と表明された。誘致する大きな枠組みが整ったと受け止めており、関経連も実現に協力していきたい」

関西経済連合会（関経連）会長の森詳介は10月11日の記者会見で、そう話した。政権の前向きな姿勢を受けて、方針を変えたことを明らかにした。

談笑する首相の安倍晋三（右）と官房長官の菅義偉＝2015年８月10日、首相官邸

万博の資金集めについても触れた。

「経団連にもお願いするが、アイデア出しなどは関経連が積極的にやり、先導するくらいの気持ちで取り組みたい」

財界幹部らからは、本音が漏れた。

「政権には逆らえない。外堀が埋められた」

「もう協力が難しいとは言えない」

大阪市も11月8日、府がまとめた基本構想にもとづき、協力して誘致を進めていく方針を正式に決めた。市長の吉村はこう言った。

「市民とともに作り上げる意識が大事。(五輪の開催費が膨らむ)東京のようにならないよう、費用を管理しながら進める必要がある」

それから約1カ月後の12月15日。万博とともに大阪ベイエリアの起爆剤として期待されたIRをめぐっても、動きがあった。

IRを整備するよう政府に促す議員立法「カジノ解禁法」が成立した。府市はこの頃、万博が始まる前の23年にIRを開きたい考えだった。

テーマは総花的

万博の誘致で大阪のライバルと目されたのは、フランスだった。

19世紀後半に万博を5回開き、人気観光地となるエッフェル塔も建てた。万博の元締の国際組織・博覧会国際事務局(BIE)が本部を置く国でもある。

万博との縁は深く、88年ぶりに大規模で総合的な万博を開こうと手を挙げた。

テーマは「共有すべき知見、守るべき地球」。地球温暖化問題に取り組むパリ協定を主導した立場から、環境問題を中心に取り上げる考えだった。

フランスが誘致を表明したことを受け、松井は16年11月24日、記者団に語った。

「フランスのテーマは『総花的』で、大阪、日本の英知を結集すれば中身で十分戦える。切磋《せっさ》琢磨《たくま》して勝ち抜きたい」

大阪では「人類の健康・長寿への挑戦」というテーマを掲げることが、基本構想検討会議で承認された直後だった。

だが、大阪のテーマは「総花的」に変更される。

経産省が立ち上げた有識者らの検討会（松井や吉村も参加）は17年3月13日、万博の開催概要について報告書案をまとめた。

テーマは府が示した案よりも幅広い「いのち輝く未来社会のデザイン」とした。万博の意義については、「人類共通の課題の解決に向けたアイデアを発信し、異なる知と知が融合することで新たなアイデアが生まれる場」と示した。

テーマを変えた背景にあったのは、新興国・途上国票だった。

万博の開催地は、BIEの総会で加盟国がそれぞれ1票を投じて決める。中でもカギを握るとみられたのが、大票田のアフリカや中南米だった。

この頃のＢＩＥへの加盟国の内訳は、アフリカ49▽欧州46（中央アジアを含む）▽中南米30▽アジア18▽中東14▽オセアニア11カ国だった。

経産省などは、健康・長寿というテーマが新興国・途上国でどれだけの支持が得られるか見通せないと判断したという。

テーマを「未来社会」にして、先端技術から環境、和食やお笑いといった関西の文化を含めた総合的なテーマを扱うことで、支持を広げようと考えた。

だが、ある誘致関係者はこぼした。

「05年の愛知万博で掲げた『環境』（メインテーマは「自然の叡智」）に比べたら、ぼんやりとして市民がイメージしにくいのではないか」

大阪・関西で開く意義としては、テーマに合う医療・ライフサイエンスの企業・研究機関が集まっていることを挙げた。阪神・淡路大震災から30年後に開く万博で、災害を乗り越えた姿も見せられるとした。

会場建設費は１２５０億円と見込んだ。

駆け足の閣議了解

安倍政権は17年4月11日、BIEへの立候補を閣議了解した。

会場建設費は国、府市、経済界が3分の1ずつ負担することを確認した。運営費は入場券の売り上げなどでまかない、国が負担や助成をしない方針も決めた。

経産相の世耕弘成は閣議後の会見で、「関係省庁とも連携し、オールジャパンで誘致活動に取り組みたい」と意欲を見せた。

松井はコメントを発表した。

「大阪・関西、ひいては、日本の成長を牽引するためには、万博の開催が必要という強い思いを持って取り組んできた。ようやく、ここまで来ることができたことを、喜ばしく感じている」

維新が14年に万博の誘致を掲げてから閣議了解まで、3年も経っていなかった。一方、05年の愛知万博では、構想が浮上してから閣議了解まで約7年かかった。

維新と安倍政権の「蜜月」は、駆け足での誘致を可能にしていた。

朝日新聞と朝日放送（ABC）は17年2月、大阪府民を対象にして、電話による世論調査をしている。

万博の開催については、賛成が62％で、反対は24％だった。

賛成の理由としては、「経済効果が期待できる」（47％）が最も多く、「関西の魅力を世界にアピールできる」（27％）、「世界の技術や文化が間近で見られる」（25％）が続いた。反対の理由は、「府や大阪市の財政負担になる」（45％）、「万博そのものに魅力を感じない」（33％）、「会場跡地の利用の仕方に不安がある」（19％）となった。

ＩＲの誘致については反対が60％で、賛成の約2倍に上った。

ＢＩＥ総会で歓喜

政府は閣議了解から約2週間後の17年4月24日、ＢＩＥに立候補を届け出た。フランスに続いて、２カ国目だった。５月の締め切りまでにロシア（南西部のエカテリンブルグ）とアゼルバイジャン（首都のバクー）も手を挙げて、４カ国での争いとなった。

政府がＢＩＥへ9月25日に出した提案書では、万博の会場をそれまでの計画の約１・５倍（155ヘクタール）に広げることが盛りこまれた。ＢＩＥ側などから「過去の万博と比べても狭い」と指摘されていたという。会場建設費は１２５０億円から増やさないとした。

夢洲の南側の水面を「ウォーターワールド」と名付け、新たに会場の一部とした。水面は埋め立てず、浮島を設けて網目状の通路を張りめぐらせ、ＶＩＰ用の「水上ホテル」や迎賓施設をつくる考えを示した。

会場中心部の「パビリオンワールド」では「中心」を設けず、数学的な手法を使って一見整然としないパビリオンの配置にする計画を立てた。

後に批判にさらされる大屋根リングをつくる考えはなかった。前回の大阪万博で建てた「太陽の塔」のようなシンボルはつくらない方針とした。

年が明けて18年になると、維新に追い風が吹く。

最大のライバルと目されたフランスが1月、万博の誘致を取りやめる方針を固めた。フランス政府は理由として財政負担の懸念などを挙げた。約4カ月前には、パリ五輪の開催が決まっていた。

7月20日には、民間事業者のカジノ運営を可能にする「IR実施法」が国会で成立した。維新が万博との相乗効果を狙うIRを夢洲へ誘致する道が開けた。

そして11月23日(日本時間24日未明)、パリで開かれたBIE総会。アゼルバイジャン、ロシアとの三つどもえの戦いに決着がつく。

日本の誘致関係者ら数十人は、経済協力開発機構(OECD)カンファレンスセンターの一室に陣取った。同じ建物内では、BIEの加盟国の代表らが、万博の開催地を決める

2025年の万博開催が決まり喜ぶ関係者＝2018年11月23日、パリ、代表撮影

投票に臨んでいた。

部屋の前方のモニターに、1回目の結果が棒グラフで示された。

日本85票、ロシア48票、アゼルバイジャン23票。

全体の3分の2の票は得られず、ロシアとの決選投票になった。

日本92票、ロシア61票。

「ウォー」「やったー」。大阪での開催が決まると、地鳴りのような声が室内に響いた。

最前列に座っていた松井、経産相の世耕、関経連会長の松本正義らが一斉に立ち上がり、握手したり抱き合ったりして喜びを分かち合った。

そのすぐ後。松井、世耕、財界関係者らは並んで記者会見を開いた。

世耕は「東京五輪後の大きな目標ができた。大阪・関西だけでなく、全国的にも経済的に大きなインパクトのある勝利だ」と胸を張った。

松井はこう語った。

「二度と『負の遺産』と言わせない、圧倒的な可能性を感じさせる湾岸部にしたい」

国、府市、経済界が約4年間の誘致活動につぎ込んだお金は、渡航費などで計約35億円に上った。BIE総会の少し前には、万博が実現すれば途上国など約100カ国のパビリオン建設費や旅費として、約240億円を支援する考えも示していた。

都構想とリンク

万博の「発起人」である橋下徹は、誘致が決まった後、読売テレビの番組に出た。府市が手を組んで万博の実現にこぎつけた今回の結果と、大阪市がかつて失敗した五輪の誘致を比べて、こう語った。

「オリンピック（招致）の大失敗は大阪市だけでやった（ことだ）。府と市を一つにして『大阪都』にするのは絶対に必要だと明らかになった」

松井もパリから帰国すると、関西空港で報道陣に述べた。

「府市が一体だから、オールジャパン（の体制）をつくれた。結果、誘致を決定できた」

大阪都構想を実現するための2度目の住民投票に向けた道筋が描けないなか、万博誘致の成功と都構想をリンクさせて、アピール材料にする狙いがあったとみられる。万博は維新にとって「大きなリスク」(幹部)でもあった。失敗すれば松井らの求心力が下がり、都構想をめざすのが難しくなる恐れもあったからだ。

万博の誘致という「賭け」に勝った維新は、IRでも手を打った。

大阪市長の吉村はIR事業者を選ぶ事実上の条件の一つとして、咲洲から夢洲へ鉄道を敷くためのインフラ整備費などで、200億円の負担を求めることを決めた。民間の資金も生かして大阪湾岸部の開発を進め、万博関連の費用を減らそうと考えた。

松井は18年11月28日の定例会見で、万博の前にIRを開業させたい考えを改めて示した。

そして、こんな言葉も残した。

「万博を開催している間に隣で大きな工事をやるというのは、いかがなものか」

それから約2年後の20年11月1日。維新は大阪都構想の住民投票に再びこぎつける。

反対69万2996票、賛成67万5829票。

再びわずかな差で、否決となった。

大阪維新の会代表の松井は記者会見で「けじめをつけなければならない」と話し、大阪市長の任期(23年4月まで)を終えれば政界を引退する考えを示した。

大阪維新の会代表代行で、前年から府知事に就いていた吉村は言った。
「僕が都構想に挑戦することはない」

吉村人気と身を切る改革

大阪都構想という「旗印」を失っても、維新は当分のあいだ、党勢を維持し続けた。日本維新の会は21年10月の衆院選で、府内で候補者を立てた15小選挙区で全て当選した。全体でも公示前の約4倍の41議席まで増やし、自民党、立憲民主党に次ぐ第3党になった。

維新副代表の吉村は勝因について、こう話した。
「約束を実行する姿勢が評価された。挑戦、改革する政党として、ぶれずに前に進むことが重要だ」

吉村は1975年、大阪府河内長野市生まれ。九州大学法学部を卒業した後、弁護士になった。大阪市議、衆院議員を経て、橋下の後を継ぐ形で、2015年の大阪市長選に立候補して初当選。19年からは府知事を務める。

新型コロナウイルスの対応をめぐって、大阪府のトップとして全国メディアのニュースに取り上げられることも増えた。今ではその知名度から「維新の顔」とされる存在だ。

維新が、結党以来の党是としているのが「身を切る改革」だ。歳費の寄付や議員定数の削減に力を入れてきた。

ポストやカネにクリーンであると強調する姿勢は、自民党など他党との対比から、有権者から一定の支持を集める要因となっている。この衆院選でも、議員報酬や定数のカット、企業・団体献金の全面禁止などを公約に掲げて戦った。

22年7月の参院選でも、維新は倍増となる12議席まで伸ばした。比例区に限っては、立憲民主党を抜いて野党第1党になった。

その翌月に維新の代表に就いたのが、馬場伸幸だった。松井から事実上の後継指名を受け、計3人で争った代表選を勝ち抜いた。

1965年、大阪府堺市生まれ。高校を卒業した後、ファミリーレストランの料理人になった。国会議員秘書としても働いた。93年の堺市議補選で初めて当選した。長らく自民党にいたが、2010年の大阪維新の会の立ち上げに加わった。12年から衆院議員を務めている。

馬場は維新の共同代表として、吉村を指名した。

野党第1党への足がかり

その翌年に行われた23年4月の統一地方選。全国でさまざまな地方選挙があり、大阪では知事、府議、大阪市長、市議も改選を迎えた。知事選では吉村が再選を果たし、大阪市長選では松井の後を継ぐ形で、横山英幸が初当選した。

横山は1981年、香川県生まれ。関西学院大学経済学部を卒業した後、大阪府庁の職員となった。その後、府議3期を経て、大阪市長選に立候補した。

大阪府知事と、府庁所在地の大阪市長の二つのポストは、「維新の力の源泉」とも言われる。維新は松井と橋下がそれぞれ当選した11年から、両ポストを維持している。

選挙戦では、この両ポストを維新が占めていたからこそ、万博も誘致できたと強調した。公約でも万博を「大阪の成長の起爆剤」と位置づけ、開催によってもたらされる「レガシー（遺産）」を府市の市民らに還元すると訴えた。

「対維新」陣営は、知事選、市長選ともに、ギャンブル依存症への懸念などから賛否が割れるIRを争点に打ち出したが、吉村、横山にあけられた票差は倍以上。投票が締め切られた午後8時に、2人の当選確実が伝えられる「圧勝」だった。

さらに、自身の大阪維新の会の代表の座を賭けるとして、吉村が目標に掲げた大阪市議会の過半数も初めて獲得した。

府議会でも継続して過半数を握る結果となり、府市の両トップと両議会の多数を押さえる形になった。理屈の上では、多くの政策や予算を意のままに可決、成立させられるようになり、「維新一強」を揺るぎないものにした。

「万博は国家事業。これを成功させてすばらしい未来社会をつくって、次世代にバトンタッチしていくことが大きな目標だ」

吉村は23年4月9日の記者会見で、新たな任期における「旗印」を問われると、そう強調した。吉村の隣に座った横山も、府市一体で取り組む最も重要な課題として、やはり万博を挙げた。

「いかにスムーズに、問題なく成功に導くかが一番大事だ。常に知事とやりとりしながら、進めていきたい」

維新の勢いは、大阪だけにとどまらなかった。

隣の奈良県知事選でも、維新の公認候補が初当選。大阪以外で維新の公認知事が生まれるのは、初めてだった。

一連の統一地方選では、東京、埼玉、神奈川といったほかの都市部でも議席を倍増させ、首長や地方議員を統一地方選前の1・5倍の600人超にする目標を達成した。

維新幹部のひとりは、こう話した。

「統一地方選で勝った地域には、衆院選の公認候補を立てやすくなる」

目標である野党第1党への大きな足がかりを得た――。そんな見方が広がった。

吉村と横山がこの日の会見を開いたのは、「リーガロイヤルホテル」。わずか1年半後の衆院選で、維新の「惨敗」を見届ける場所だった。

会見する横山英幸＝2023年4月9日、大阪市北区のリーガロイヤルホテル

万博クライシス

統一地方選での大勝から、わずか3カ月足らず。維新の新たな「旗印」であったはずの万博は、逆風に見舞われる。夏以降、問題が立て続けに持ち上がった。

23年7月1日。朝日新聞は「海外パビリオン、建設申請『ゼロ』 開幕間に合わぬ恐れ、政府が対策へ　25年の大阪・関西万博」と朝刊1面トップで報じた。

参加する国や地域のパビリオンのうち、各国が費用を負担して独自に建てる「タイプA」について、建設に必要な申請が1件も提出されていなかった。タイプAは他のタイプに比べて、より複雑な構造のものが多い。そのため工期を考えると、残り2年を切った25年4月の開幕までの完成が危ぶまれる状況だと明らかになった。

タイプAは「万博の華」ともいわれ、開幕までの未完成が相次げば、万博そのものの魅力も薄まりかねない。

パビリオンの建設遅れの問題が表面化するのと前後して、政府も徐々に危機感を募らせていく。事態を把握していた万博担当相の岡田直樹は6月末以降、首相の岸田文雄や官房長官の松野博一に態勢強化を訴えた。

「切羽詰まってきた。国際社会における日本の信頼に関わる」（官邸幹部）との認識が政府内でも広がり、8月31日には首相官邸で万博の関係者会合が開かれた。

岸田は発破をかけた。

「万博の準備はまさに胸突き八丁の状況にある。極めて厳しい状況に置かれていることを改めて直視し、正面から全力で取り組んでいかなければならない。本日集まってもらったのは、この危機感を共有するためだ」

ところが、この関係者会合でも、新たな火種が示された。

経産相の西村康稔が万博の会場建設費について、「資材高騰による建設費の上ぶれに対し、万博協会（２０２５年日本国際博覧会協会）で必要な金額を精査し、結果を踏まえて財務省などと対応を検討する」と述べた。20年に当初想定の約１・５倍の１８５０億円に増やした建設費のさらなる増額を示唆した。

維新として、万博を党の最重要課題の一つと位置づけながら、その最大の目玉の実現見通しが不透明という事態に陥った。

他党からは、与野党を問わず批判が噴出した。

「東京ではちっとも盛り上がっていない。今は（前回の大阪万博が開かれた）１９７０年みたいに、国のリソースを万博に限定できる時代じゃない。維新に泥をかぶってもらった方がいい」（自民党幹部のひとり）

「今になって何を言おうが万博は維新印だ」（公明党大阪府本部幹部）

「規模縮小も検討すべきだ。現場の声を聞かずに風呂敷を広げる、維新政治の象徴的な失敗事例だ」（立憲民主党大阪府連幹部）

秋になると、8月に西村が示唆していた建設費の再度の上ぶれが表面化する。

万博協会は10月20日、会場建設費が最大2350億円になる見通しを発表した。これが2回目の上ぶれで、当初の見込み額（1250億円）の2倍近くに膨らんだ。

国民負担がさらに増すことになり、万博への風当たりは一層強くなる。

公明党衆院議員の伊佐進一（大阪6区）は11月21日、衆院予算委員会で万博を追及した。

「物価高で苦しんでいるなか、大阪市民は（上ぶれによって）1人当たり1万9000円を負担することになる」との試算を示して、政府に万博の中止も含めて検討するよう迫った。

旧日本軍が先の大戦でなぜ失敗を繰り返したのかを分析した名著『失敗の本質』も引き合いに、こう批判した。

「結論として書かれているのは作戦目的があいまいだったことだ。国民を置き去りにしたままでは（万博の）成功はおぼつかない」

さらに万博協会は12月14日、入場券の売り上げで大半をまかなう運営費が4割増の1160億円に膨らむことも発表した。運営費が赤字になるリスクもくすぶり始めた。

能登半島地震で延期論

万博の「受難」は、年明けも続いた。

24年1月1日、石川県で最大震度7を観測した能登半島地震が起きた。幹線道路が寸断され、半島という地理的な特性もあって、安否の確認や救助は難航した。12月までに災害関連死も含めて死者は500人を超え、住宅の損壊被害は約15万棟にのぼる。

岸田は1月4日の年頭記者会見で、「国難」「令和に入って最大級の災害」と評した。

この能登半島地震によって、くすぶり続けていた万博の延期論が再燃する。

「円形の屋根より被災地に屋根を」

SNS上では万博の象徴とされる木造の大屋根リング（建設費344億円）を引き合いに、被災地の復興を優先して万博を延期するよう求める呼びかけが広がった。

吉村は「万博と復興は二者択一ではない」などと、火消しに追われた。

だが、延期論は各方面に波及した。

経済安保相の高市早苗は16日、首相官邸で岸田と面会し、状況に応じて万博の延期や縮小も検討するよう求めた。被災地での資材・人手不足を受け、復旧・復興を優先するためだった。自身のユーチューブチャンネルでもこのことを明らかにした。

こうした動きを受け、経済同友会代表幹事の新浪剛史も30日の記者会見で、「支障があるならば、開始のタイミングを変えて延期もありうべしだ」と述べた。

ただ、延期や中止はきわめて困難なのが実態だった。

仮に延期する場合は、国際博覧会条約にもとづき、BIE総会で、参加した加盟国の3分の2の賛成が必要となる。

さらに中止となれば、万博協会は参加国やBIEに補償金を支払わなければならない。政府がBIEに提出した登録申請書によると、補償額は最大5億5700万米ドルにのぼる。国際社会における日本の信用を傷つけることにもなりかねず、政府や万博協会にとって現実的な選択肢とはなり得なかった。

「与党過半数割れ」への方針転換

建設遅れの表面化から始まった一連の「万博クライシス」。

それに対する維新幹部らの発言や対応、振る舞いが、党への支持を押し下げる一因となった――。そんな声も、党内外から聞かれた。

朝日新聞の世論調査では、維新の支持率は統一地方選があった23年4月、馬場が日本維新の会の代表になってから初めて立憲民主党を上回った。だが秋以降は振るわず、一時は持ち直したものの、24年に入ると立憲に後れをとる状態が続いた。

日本維新の会は24年3月24日、京都市内で党大会を開いた。

代表の馬場は大会のあいさつで、約550人の参加者を前に、自民党の裏金問題を引き合いにこう述べた。

「自民党の問題があるから、維新に追い風が吹いていると思う人もいるが、私はそうは思わない。維新をはじめ、野党の支持率は全く上がっていない」

この大会で決定した同年の活動方針では、それまでの「野党第1党」と併せて、「与党過半数割れ」を新たに掲げた。「政治とカネ」の問題で政治不信を招いていた自民との対決色を鮮明にすることで、党勢を取り戻したい狙いがあった。

一方で、党幹部のひとりは「野党第1党の実現はどう見ても無理。(与党過半数割れへの)方針転換だ」とも明かした。「与党過半数割れ」の方針は、次の衆院選で野党第1党になれなかった時に備えた予防線との見方も広がった。

約1年前の統一地方選で大勝し、野党第1党をうかがおうとしていた高揚感は、もはやなかった。別の党幹部は、万博に関するネガティブな話題が「ボディブローのように効いている」とこぼした。

だが党大会から4日後には、万博の会場建設現場で、爆発火災が発生した。会場の安全性にも厳しい目が向けられるなど万博への批判は収まらず、党内には「フラストレーション」がたまっていった。

波紋を呼んだ「出禁発言」

「モーニングショーの玉川徹。いま批判するのはいいけど、入れさせんとことと思って。入れさせてくれ、これ見たいと言っても、モーニングショーは禁止、玉川のところは禁止と言って」

壇上でマイクを握った吉村は、テレビ朝日系列の情報番組「羽鳥慎一モーニングショー」のコメンテーター・玉川徹を万博会場に入れさせないと言った。24年3月下旬に府内で開かれた党会合での一幕とされた。

これを映した動画が、SNS上で広がった。

吉村は4月1日、発言を認めた。「言論統制にあたらないかという批判の声もある」と報道陣から指摘されると、こう話した。

「僕自身が『出禁』にする権限がないのは、当然のこと。そんなことはあり得ないという前提での発言だ」

万博への批判や課題の指摘については「報道機関として当然あるべき姿」としつつ、玉川やモーニングショーに注文を付けた。

「非常に偏りすぎていると思っている。公共の電波でやる以上、ある程度は公平にやってもらいたい。参加する国々からはなぜ批判ばかり日本のメディアは言うんだと聞く」

吉村と同じく万博協会副会長も務める大阪市長の横山英幸は、同日の記者会見で「出禁発言」について述べた。

「フラストレーションがたまって、ああいう発信をされた。批判の報道をしていただくべきだと思うし、どんどんしていただいたらいいが、過度にネガティブにやりすぎるのは、それは僕なりにも思いがある」

維新代表の馬場は「イッツ・ア大阪ジョーク。わからんかな?」とX（旧ツイッター）に投稿して吉村をかばい、火に油を注いだ。

各所からは、批判が相次いだ。

公明党府本部代表の石川博崇（参院議員）は言った。

「批判的な指摘があったからといって、批判的な意見を排除するような対応はいかがなものか。政治家の発言は極めて重い」

立憲民主党の中谷一馬は3日の衆院内閣委員会で、「(万博協会の)吉村副会長などの理事は、万博に関して特定の人やメディアの出入りを禁止する提案を行い、決議することは理論上できる権限を有しているのでは」と質問した。

これに対して、経産省の担当者は「理事会の目的に沿うものであれば、提案することは可能」と述べた。

維新創立者の橋下がテレビ番組で「政治的な発言を越えて、自由のところに踏み込む。冗談であったとしてもやっちゃいけない」と述べるなど、身内からも批判が出た。

吉村は10日の記者会見で、謝罪・撤回に追い込まれる。

万博への批判にフラストレーションがたまっていたとし、こう話した。

「いくら政治集会の場であったとしても言い過ぎた。僕が間違っていた」

自らの発言の意図については、「放送機関としてある程度は公平に論じていただきたいという思いでの発言で、これは変わっていない」とした。

一方で同じ頃には、夢洲への誘致が決まったIRをめぐり、「万博中の工事中断」が要請される騒ぎの火種もくすぶり始めていた。

公認首長の敗北

吉村の発言撤回からわずか2カ月後、「出禁発言」が維新から再び飛び出す。

「万博行くなよ」「出入り禁止や」

維新創立メンバーで大阪府箕面市長の上島一彦が24年6月19日、市議会でヤジを飛ばした。共産党市議の名手宏樹が万博への子どもの無料招待事業への参加中止を求めて質問を終えたところ、上島が自席から発言したという。

20日の記者団の取材では、発言の撤回について否定した。

「自分のヤジが万博の印象に悪影響を与えたのであれば反省したい。万博の開催に一貫して反対する市議の政治姿勢に、思わず心情を吐露してしまった」

だが21日、発言は「不適切だった」と撤回に追い込まれた。

「意見の異なる人間を排除すると思われる発言を首長がするべきではなかった」

上島は騒動から約2カ月後の8月25日、再選をめざして市長選に臨んだ。

北大阪急行電鉄の延伸を実現して、市立病院の移転計画も進めたなどと実績をアピールしたが、無所属新顔で前府議の原田亮に敗れた。

原田は3万2448票で、上島は1万8309票。首長選は、知名度が高い現職が一般的には有利とされるが、「完敗」(吉村)だった。

維新が公認した現職首長が敗れるのは、党を立ち上げてから初めてだった。

24年は日本維新の会幹事長の藤田文武の地元選挙区である大東市長選(4月)で負け、吉村の出身地の河内長野市長選(7月)では候補者を立てられず、不戦敗となった。

それに続く上島の落選を受けて、維新が退潮したという見方は強まった。

支持率が1～2年で半減

大阪維新の会は事態を重くみて、「刷新プロジェクトチーム(PT)」を立ち上げた。府民や地方議員らの意見を聞いて課題を把握したうえで、これからの党改革や選挙戦略の見直しに生かすことが狙いだった。

刷新PTは24年9月27日、府民へのアンケートの結果を公表した。電話やインターネットなどで1000人規模に調査すると、急速な「維新離れ」が浮き彫りになった。

大阪維新の会を「現在支持している」という回答は28・5%だった。一方で、「最近まで支持」(7・4%)、「半年前まで支持」(4・9%)、「1年以上前まで支持」(12・6%)の計約25%が、維新支持から離れていることが分かった。
支持率がこの1~2年で半減したことを意味していた。

「最初から支持していない」は46・6%だった。

橋下や松井の時代と比べて悪い方に変わったと思うかを尋ねた質問に対しては、「強くそう思う」「どちらかといえばそう思う」の合計が53・2%だった。

「身を切る改革を実行し、成果を挙げている」という問いには、「どちらかといえばそう思わない」「まったくそう思わない」の合計が51・6%に上った。

「結局は他の政党と同じで既存の政党だ」という問いには、「強くそう思う」「どちらかといえばそう思う」の合計が51・1%となった。

こうした結果を受け、報告では日本維新の会への評価などが大阪維新の会への支持に影響を与えていることは「間違いない事実」と分析した。

ただ大阪維新の会の単独でも支持率は下がっているとして、「議員数が増える一方、個々の活動量・質ともに低下して緩み・弛み・驕りがあり、既得権益化しているように住民からは見られはじめている」と記した。

「組織運営・風通しにも改善が必要との声が内外から出ている」「大阪維新の会の候補だ

からといって、もはや投票されるわけではない」とも指摘した。

次なる「旗印」やスローガンを設けることや、地方議員の発掘や育成、透明性のある仕組みづくりを考える方針も示した。

維新が消滅しかねない

そんななかで迎えた24年10月27日の衆院選で、日本維新の会は「惨敗」した。不満の矛先は、代表の馬場をはじめとする党執行部へと向かった。

代表選を行うことが決まり、馬場は出馬せずに退くと表明した。

立て直しに乗り出したのは、「維新の顔」だった。

吉村は11月12日、大阪市内の党本部で出馬を発表した。「日本維新の会が消滅しかねないという危機感」を持ったという。

吉村は日本維新の会の共同代表であり、「惨敗」の責任を負う立場でもあった。だが党内の待望論もあり、出馬を決めたとした。

維新がめざす方向性としては、「将来世代のために存在する政党でありたい」とした。それを踏まえて、「(教育無償化などの)次世代のための政党」「道州制の実現」「(政治改革を通じて）永田町文化を変える」――の三つの政策の柱を掲げた。

「身を切る改革」の必要性についても、改めて前面に打ち出した。

万博の開幕が、約5カ月後に控えていた。代表選で勝てば、国政政党のトップと首長の「二足のわらじ」をはくことになる。

「非常に悩んだところだ。でも、もうここはやるしかないという思いだ。万博もある程度、準備も進んできた。成功させるのが至上命題なので、そこは当然やっていく」

一方で、こんな話もした。

「永田町の『飲み食い政治』も壊していく。あんなことをやっていても、新しいものは生まれない。政治、政策を決定する過程のなかで、人間関係やよく分からないところで決まっていくような、永田町の政治のあり方は違うと思っている」

とはいえ、万博ひとつとっても、「東京の日本料理店」で安倍政権に後押しを頼んだという経緯はある。

新体制を待ち受ける多難

吉村は自らが大阪都構想に改めて挑むことに否定的だったが、一歩踏み込んだ。

「大阪が副首都として成長していくためには、どういう都制度のあり方があるのか、ぜひ皆さんと一緒に案を作り上げていきたい」

24年11月19日に開かれた大阪維新の会の会合でこう述べ、都構想の新たな制度設計について党内で検討を進めていく考えを示した。

そして迎えた12月1日。吉村は日本維新の会の新代表に選ばれた。ほかに3人が立候補していたが、次点の候補に約8倍の差をつける圧勝だった。一方、代表選の投票率は約42%で、盛り上がりに欠けた。

当選が決まった後の記者会見では「野党第1党をめざさない」と述べ、これまでの党方針を撤回する考えを示した。そのうえで、「公約の実現に近づく」として、参院も含めた与党の過半数割れを目標として掲げた。

その手法として、8カ月後までに行われる参院選1人区での野党候補の1本化を主張した。選挙戦では野党の候補による「予備選」の実施を訴え、この日は「(与野党)1対1に持ち込むため公正なルールを作れるか、協議をしていきたい」と話した。

国政政党のトップと首長の両立については、「できると思っている。2役あるのなら、2人分働けばいい」と語った。

「二足のわらじ」は、過去にも例がある。

維新では橋下や松井が、党代表と府知事や大阪市長を兼ねてきた。

ただ、橋下、松井の時代は「官邸1強」と呼ばれた第2次安倍政権だった。2人と安倍は近い関係にあり、官邸側と直接交渉して政策を実現させる手法をとった。

吉村は政権とのパイプが乏しく、衆院議員の経験は1年にも満たない。国政での手腕は未知数だが、衆院では与党の過半数割れで政局が不安定化するなか、これまで以上に党内外の調整が求められる。

馬場ら前執行部の多くは、吉村執行部と距離を置く考えを周囲に示した。馬場が衆院選の責任を取る形で事実上の退任に追い込まれたことに、不満を抱く議員も少なくない。

橋下、松井と違って維新の創立者ではない吉村が、求心力をどこまで保てるのかも課題になりそうだ。

大阪・関西万博まで、残り100日余り。ある府幹部は、こう懸念した。

「考えないといけないことがこれ以上増えたら、相当な負担になる」

第2章

膨らみ続けた経費

「えいや」に近い形で

「(2005年の)愛知万博の建設費をベースに、面積あたりいくらっちゅうことで、『えいや』にかなり近い形で計算したものだ」

2025年日本国際博覧会協会(万博協会)事務総長の石毛博行は23年9月の理事会後の会見で、大阪・関西万博の会場建設費について、そう述べた。

会場建設費は催事場、迎賓館、ホール、イベント広場、飲食店、トイレ、休憩施設、一部のパビリオンなどの整備に使う。

石毛が「えいや」で計算したと言うのは、当初に見込んだ1250億円のことだ。愛知万博の会場建設費は1ヘクタールあたり8・4億円。大阪・関西万博の会場の広さ(155ヘクタール)に当てはめると、1250億円に近くなる。どんな建物にいくらかかるかを積み上げたのではなく、大ざっぱに算出したという。

経済産業省の有識者会議が2017年3月にまとめた計画で、1250億円という金額が固まった。翌4月には政府がこの計画をもとに、万博の誘致について博覧会国際事務局(BIE)に立候補することを閣議了解した。

会場建設費は国、大阪府・大阪市（府市）、経済界が3等分で出すことになった。万博の運営費については入場券収入などでまかない、国が負担しない方針も決めた。

石毛は1950年、千葉県生まれ。東京大学経済学部で学んだ。

在学中の70年に大阪万博が開かれたが、足は運ばなかったという。

万博協会事務総長の石毛博行＝2023年11月24日、大阪市中央区

「当時は関東在住の貧乏な学生だったので、関西に行く余力はなかった。大学では万博よりも70年安保闘争の方が重要テーマで、クラスで議論をしていた」

卒業した後は、通商産業省（現経産省）に入った。同期には、後に和歌山県知事になる仁坂吉伸がいた。

秘書課長、総括審議官、資源エネルギー庁次長、製造産業局長と昇任を重ねて、2006年には中小企業庁長官になった。

10年に退官した後は損害保険ジャパンの顧問を経て、日本貿易振興機構（ジェトロ）の理事長を務めた。

万博協会が19年に立ち上がり、事務総長に就いた。経団連会長が兼ねる会長職に次ぐ、「ナンバー2」の役職だ。国や自治体、民間企業などからの800人超（24年11月時点）の出向者らで成り立つ「寄り合いの組織」の公益社団法人で、実務を取り仕切ってきた。

ある後輩の官僚は「外国との通商交渉は強気で押すタイプで、頼りがいのある先輩だった」と評する。一方、万博関係者からは「必要な情報を出してくれない」「（万博の意義など）『夢』を十分に語っていない」と不満の声も漏れた。

大屋根リング構想

2025年日本国際博覧会基本計画。

石毛が率いる万博協会が20年12月25日、公表した。会場のデザインやパビリオンの配置、イベント、来場者の輸送など万博全体について網羅した計画だ。

このなかでは、万博の支出と収入の資金計画を示した。

支出は大きく分けて二つ。一つが運営費で、809億円を見込んだ。スタッフの人件費、イベントの運営、会場の清掃などにあてる。入場券の売り上げで702億円、その他の収入（パビリオンの賃料やグッズ販売）で107億円をまかなうとした。

もう一つの支出が、会場建設費の1850億円。当初の1250億円から1・5倍（600億円増）にした。これが1度目の上ぶれだった。

増えた600億円の内訳は、暑さ対策などに約320億円、飲食店や物販施設などの整備に約110億円。そして、通路上の屋根の整備で約170億円とした。

屋根はもともとつくる考えがあり、1250億円のうち約180億円を見込んでいた。さらに約170億円を積んで設計を変え、計約350億円の屋根をつくることになった。

これが後に波紋を呼ぶ「大屋根リング」への設計変更だった。

この時は「えいや」の大ざっぱな計算ではなく、それぞれの施設にかかる金額を積み上げて算出した。

万博担当相の井上信治は基本計画の公表に先立って11日、大阪府知事の吉村洋文、大阪市長の松井一郎と市役所で会った。

井上は「可能な限り経費は削減する」と話した。増えた分の負担についても、国、府市、経済界で3等分にしたい考えを伝えた。

吉村はこう応じた。

「万博成功のためと理解しているが、（建設費）増加の話はこれで最後にしてほしい」

それから13日後。府市は基本計画に同意した。

松井は記者団に、強調した。

「万博を成功させるための投資。必要経費だ」

一方、府市の議会は前後して、政府に意見書を出した。再び上ぶれする事態になれば3等分のルールにこだわらず、「国が責任をもって対応すること」とし、増えたら国がすべて負担すべきだと求めた。

過激なコンセプト

「これって誰が喜ぶの？」

「発想がハコモノ的だ。（高速通信の）『5G』で競う新たなデジタル時代に、誰が上ったり歩いたりするかも分からない不確かなものにそんな金を出すのか」

「この（未来志向の）万博で、海や空を見るために（大屋根リングを）つくるのかと思うと、何とも不思議だ」

大屋根リングの建設計画が20年12月に明るみに出ると、関西の経済界からは疑問や批判の声が上がった。

考案したのは、建築家の藤本壮介だ。

1971年、北海道生まれ。東京大学工学部を卒業して、建築家になった。

2000年に建築設計事務所を東京で立ち上げ、その後はパリにもオフィスを構えた。

フランス・モンペリエ国際設計競技最優秀賞（ラルブル・ブラン）を受賞するなど、世界でも知られた建築家だ。

建築家の藤本壮介＝2024年７月５日、東京都江東区

日本では「マルホンまきあーとテラス」（宮城県）、「白井屋ホテル」（群馬県）、「武蔵野美術大学美術館・図書館」（東京都）などを手がけた。

藤本によると、19年冬から20年春にかけて、建築家の視点から万博協会の関係者と意見を交わす機会があったという。万博協会からその後、パビリオンの配置なども含めて考える「会場デザイン」を引き受けてもらえないかと打診を受けた。

「最初は万博に対して懐疑的というか、全く意識もしていなくて、『今の時代に万博をやる意味はあるのかな？』

と思っていた。納得したうえで引き受けたかったので、いろいろと本を買って、万博の経緯や課題を勉強した。僕の中では1970年の大阪万博のような最先端、未来を見せてくれる『見本市』としての万博では、もはやないんだろうと。当然、今回もいろんな新技術が見られると思うが、アップルなど各企業が個別に新たな技術を発表する時代なので、そこが主役の状況じゃないよな、と」

「ただ、当時は米国のトランプ大統領が世の中を騒がせて、『分断』が叫ばれていた。そんな時代に世界の約8割の国・地域が万博という小さな1カ所に集まり、半年間も一緒に過ごすのはすごいし、クレージーで過激なコンセプトだなと。（170年超の歴史がある）万博は1周回って、そのフォーマット自体にすごくポテンシャルがありそうだと感じた。建築家としても『世界が集まる場所をつくる』という以上にやりがいのあるプロジェクトはなかなかないと思った」

「東京五輪もそうだったし、万博も批判はあるだろうなとは思っていた。しかし自分は建築家なので、たとえ批判されてもつくり上げる側に回る方が、自分にとって納得感はあるんじゃないかと思い、引き受けた」

藤本は朝日新聞の取材（2024年7月）で、そう振り返った。

空にはかなわない

大屋根リングは、突然思いついたわけではないという。藤本は、さまざまな考えをめぐらせていた。

入場ゲートから流れてきた人が会場を回る導線はどう考えれば良いだろうか。来場者がまっすぐ進むと一部に集中しすぎるので、丸く回るのがスムーズだろう。夏の暑さを考えると、屋根は必要だ。屋根に上れるようにして、屋外劇場みたいに使えないか……。

20年夏に夢洲へ行ったのが一つのきっかけとなり、丸い大屋根リングをつくる方向で考えが落ち着いたという。

「天気がよくて、雲が美しかった。めちゃめちゃきれいな空を見た時に、『建築はこの空にはかなわないな』と思った。それならば、（下から見上げることで）空を切り取れるようなリングをつくり、たくさんの国の人たちみんなで空を見上げるストーリーがいいなと」

なぜ、大屋根リングを木造にしたのか。

藤本によると、欧州や米国など世界的に木造の大規模建築が注目されているという。

「リングを世界にアナウンスするなら、木造以外はないと思った。樹齢30年ぐらいまでの

つながって円になった大屋根リング＝2024年８月21日、大阪市此花区、朝日放送テレビヘリから

木は多くの二酸化炭素を吸い、それ以上に年をとると、あまり吸わなくなる。樹齢30年ぐらいで切って、また植林するサイクルができれば、二酸化炭素も吸ってくれるし、建材も半ば自然に供給される」

「(木は)『未来の建材』とも言われるが、日本ではそんな肌感覚はないだろう。1000年以上の木造の伝統がある日本で、大規模な木造建築が普及しないのはもったいなさすぎると思っていたところ、万博の話があった」

ただ当初は、大屋根リングのような大規模の木造建築を日本でつくれるかは見通せなかったという。木材を加工して、大屋根リングに使う大きさの集成材をつくれる工場が多くないためだ。

コストの問題もあるので、鉄骨で同じ規模の大屋根リングをつくった場合の値段を積算してもらった。それを超えない値段で、木造でつくれるなら、木造にしようという方針を万博協会と話し合って決めたという。

「（鉄骨の値段を）超えるならやっぱり、説明ができないなと。たしかに金額だけを見ると結構あるが、あの規模の建築で坪単価が約130万円は、専門家からすると安いと思っている。あの大きさや性能で344億円。いまの物価上昇の中でゼネコンさんが工夫をしてくれて、額を抑えてくれた」

大屋根リングの木組み＝2024年８月21日、大阪市此花区

「何の印象も残らない万博にならないよう、どこにお金をかけるかが大事だ。（会場建設の）ほかのところへの予算配分を少しずつ抑え、リングにどのぐらいお金をかけるか考えた。リングは日よけの屋根でもあるが、上にのぼれるし、ランドマークにもなる。『大阪の万博と言えばこれだ』とわかりやすく伝わる。単に機能的な建物というだけでなく、どれだけ世界に伝わるかも含めた額としては、決して高くないと思っている」

藤本は大屋根リングの上で盆踊り大会などを開き、「世界のつながりを体感できる特別な場所になれば」と考えている。

2度目の上ぶれがレールに

会場建設費の1度目の上ぶれから、約2年が経っていた。

22年12月14日に大阪市内で開かれた万博協会の理事会で、ある理事が問いかけた。

「(会場)建設費や運営費は足りるのか」

この年の2月にロシアがウクライナへ攻め込み、原油や天然ガスの値段が急激に上がっていた。建設会社は、作業員の人件費や資材費が上がると見込んだ。万博協会が発注の金額を引き上げなければ入札が成り立たないケースが相次いでいた。

1850億円の会場建設費のなかには、物価上昇などに備えて数百億円の「予備費」を織り込んでいたが、予想より速いペースで取り崩していた。

理事会後の記者会見で、万博協会会長の十倉雅和(経団連会長)は言った。

「物価高も進んで、人件費も上がって、これで収まるのかという声をよく聞く。いまの段階では1850億円に収めるように努力してみるということが答え。なんとか知恵と工夫で、この範囲に収めたい」

翌23年の春ごろから、万博協会は2度目の上ぶれに向けて動き出す。

事務総長の石毛は6月、国や府市、経済界の幹部らに伝えた。

「この金額(1850億円)を見直し、必要があれば再設定することも考えないといけない」

「インフレ(スライド)条項を適用すると、コストが増大する可能性は否定できない」

インフレスライド条項とは、工事にかかる人件費や資材費が契約時より大きく上がった場合、請け負った建設会社が値上がり分を請求できる仕組みだ。

さらに石毛は7~8月にかけ、府市や経済界のトップらにこう話した。

「(会場建設費が)いっぱいいっぱいいっぱいになっている」

「非常に厳しい状況だ」

2度目の上ぶれへの道筋をつけたのが、首相官邸での会議だった。

8月31日。首相の岸田文雄や関係閣僚、万博協会会長の十倉、府知事の吉村、大阪市長の横山英幸ら万博の関係者が顔をそろえた。この頃には各国が建てるパビリオンの建設遅れが表面化しており、岸田は危機感をあらわにした。

「万博の準備はまさに胸突き八丁の状況にある」

会議では万博相の岡田直樹が「建設費の高騰に対しては、増額の懸念が高まっていることは事実であり、改めて基盤インフラなどの会場建設費の精査を行う」と話した。

水を向けられた経産相の西村康稔は言った。

「資材高騰による建設費の上ぶれなど予算的な課題に対しても、まずは万博協会においてしっかりと必要な金額を精査するようお願いしたい。この結果を踏まえて、財務省をはじめ関係省庁とも連携しながら、その後の対応は検討してまいりたい」

会場建設費の2度目の上ぶれはレールに乗った。焦点はどれぐらい増えるのか、誰が負担するのかに移った。

維新のDNA

「今度また増額するから、(寄付集めを)やってくださいと(なれば)、非常に難しいと思う。お金を集めるのは、(経営者の)みなさんに頭を下げてこんだけ出してくださいと、ものすごい時間がかかる仕事。普通に考えたら、非常に難しいなあと言ってるわけです」

関西経済連合会会長の松本正義(住友電気工業会長)は、23年9月11日の定例会見でそう話した。

経済界の負担は、大半を企業からの寄付でまかなう。加えて、1970年の大阪万博のもうけである「関西・大阪21世紀協会」の基金を一部取り崩し、「経済界の分」として出すことで国や大阪府といった関係者と話を進めていた。

松本は追加の負担に難色を示していたが、関経連と経団連で計700億円を超える寄付が集まるメドがつきつつあった。21世紀協会の基金を半分程度（約95億円）取り崩せば、最大で計800億円を負担できることになる。

万博協会は経済界が800億円を負担できるなら、会場建設費はその3倍の2400億円まで増やせると考えていた。事務総長の石毛は財界の幹部に一時、「建設費は2400億円ぐらいまで増えそうだ」と話している。

朝日新聞は24日、「万博建設費450億円増案　当初の1・8倍、2300億円見積もり　2度目の上ぶれか」と朝刊3面で報じた。

具体的な数字が表に出始めて、関係者は対応を問われた。

立憲民主党の幹事長・岡田克也は26日の記者会見で、上ぶれ分は「地元」で負担すべきだという考えを示し、このように語った。

「（23年）1月に大阪・関西万博の現場を視察した。そこで私は『予算の範囲内でできますね』と聞いた。大阪府副知事や万博協会関係者もいた。『できます』と明確に答えていた。

関西経済連合会会長の松本正義＝2023年９月11日、大阪市北区

これだけ多額の増額が必要ということは、あの時のことは一体なんだったのかという思いがしてならない」

「まずは額が本当にそれだけ必要なのか。かつてパビリオンの屋根の形を見直すことで（建設費を）圧縮したこともあった。いろんな工夫をして予算の範囲内でできるよう努力すべきだ。日本維新の会が日頃、強調していることにもつながるのではないか」

「どうしてもそれができない時には基本的には国ではなく、大阪（府市）、そして大阪を中心とする経済界が負担するのが本来ではないか。国民にまで負担をお願いするということであれば、説明してもらいたい」

一方の維新側はどう答えたか。

大阪維新の会代表で府知事の吉村は29日、報道陣からこんな質問を受けた。

維新は無駄な支出を避ける、府民の負担を大きくしないという姿勢が一つのＤＮＡだと思うが、会場建設費の２度目の上ぶれ分を出すのはいいとわないのか――。

吉村はこう述べた。「我々は『身を切る改革』を徹底してきた政党で、そこは全く揺るがない。（ただ）単純にコストカッターじゃなくて、そこから次の未来を豊かにしていこう、次世代が頑張れる社会を作っていこうというのが基本的なＤＮＡだ」

府議会では会場建設費の1度目の上ぶれの頃、再び増額する場合は国が負担すべきだという意見書を政府に出していた。吉村は、「その時の考え方もその通りだと思うが、そこから状況が3年間で変わってきていることをどう捉えるかも、議会のみなさんが考えていただけると思う」とした。

世論の批判を警戒してか、維新の府議からは「増額分は国の責任において負担するよう国に対して要望していただきたい」といった声も相次いだ。

大阪選出の自民党国会議員は「増額、増額では機運が下がる。地元からも『延期した方が良い』との声が出ている」とこぼした。

万博協会が会場建設費の2度目の上ぶれを正式に示したのは、首相官邸での会議から2カ月近く経って開いた記者会見だった。

責任と言われても

江戸時代から「薬のまち」として知られる道修町《どしょうまち》（大阪市中央区）。23年10月20日、万博協会のオフィスの会見場に数十人の報道陣が集まり、石毛が向かい合って座った。すぐ隣の大型テレビには、経産省本館（東京都千代田区）の一室にいる経産相の西村や万博相の自見英子《はなこ》が映っていた。万博協会副会長の吉村（府知事）、横山（大阪市長）、松本（関経連会長）、鳥井信吾（大阪商工会議所会頭）ともオンラインでつないだ。

石毛は2度目の上ぶれの理由について説明し始めた。

物価高などで資材価格（443億円）と労務単価（84億円）が上がり、建設費が527億円増える。一方、施工の方法や会場のデザインを見直すなどして、157億円を節約した。差し引きすれば、370億円増える。予備費としては、新たに130億円を積む。

その結果として、会場建設費は1850億円から500億円増え、最大2350億円（当初の1250億円の約1・9倍）になる。

説明を受けて、吉村はこう言った。

「今回の増額は2回目になる。1回目は3年前、当時の井上（信治）大臣から説明を受けて了承したが、2度目はないという前提で、公式の場でお認めいただいた経過がある。今の説明だけでは不十分。改めて質問させていただき、府としても結論を出したい」

横山は「増額内容が府民、市民にご理解いただけるか、内容をしっかり確認させていただきたい」と話した。

自見は「国費が投入される」と述べ、政府として改めて金額を精査するとした。

オンライン会議が終わった直後、石毛は記者会見に臨んだ。

3年間で2度目の上ぶれとなるが、万博協会としての責任をどう考えているのか。見積もりが甘かったのではないか——。

石毛はそんな質問に対して、こう答えた。

「協会の責任と言われても、何をもっておっしゃるのか。どういう風にお答えするのがいいのか、という気持ちがする。もちろん私たちは1850億円の範囲で収めるべくやってきたが、想定外のこと。物価の上昇、コロナ（ウイルスの感染拡大）を理由にするものも、ウクライナへのロシアの侵攻を契機にしたものもあり、やむを得ざることだった」

見積もりが甘かったという万博協会の責任はないのかと重ねて問われると、「協会としての責任うんぬんというより、ミッションをしっかり実現するためにコストをかけざるを得ないと判断した」と述べた。

「納得できない」が7割

別の万博協会幹部にも後日、2度目の上ぶれの受け止めを聞いた。すると岸田政権による所得減税を踏まえて、こう言った。

「建設費の国の追加負担は約170億円で、国民1人あたり百数十円でしょ？　万博で増えても、国民負担減だ」

一方、ある万博関係者は「1850億円でなんとかなるだろうと思ったのだろうが、全然足りなかった。簡素な万博にすれば良かったのに、金がかかりすぎている」と話した。

朝日新聞が23年10月に行った世論調査では、会場建設費が増えることについて、「納得できない」(71%)が「納得できる」(24%)を大きく上回った。

石毛は朝日新聞の単独インタビュー(23年11月)でも、2度目の上ぶれについて話した。

「会場建設費は、万博誘致の当初に決めた1250億円ではなく、(詳しい計画を作ったうえで算出した)1850億円が事実上のスタートラインだと考えている。1250億円は相当無理のある話であったと思う」

「以前から物価高騰を感じていたが、23年4月に（大屋根リングなどを建設する）主要な工事区域の契約が済むまで、会場建設にどれぐらいお金が必要か分からず、検証できなかった。そこから積み上げて、デザインの見直しなどの合理化もした」

「結果的に最大2350億円に引き上げたのはすごく残念で、じくじたる思いがある。ステークホルダー（利害関係者）の国、自治体、経済界に申し訳ない。新たに設定された金額で準備を進めるのが私たちの役割だ。再増額の検証は、主要施設の入札状況も踏まえて、最速で取り組んだ」

「ポーズ」が必要なんだ

「増額なら府民・市民にきちんと説明しなければならない」

石毛の会見から1週間後の23年10月27日。吉村は万博協会幹部を府庁に呼び、会場建設費の上ぶれの根拠などを問いただした。面会はすべてオープンの「公開質問」だった。

吉村は万博協会副会長であり、上ぶれ分の負担を府民らに頼み、実行する側でもある。それについては、「責任逃れするつもりは全くない。僕は責任者であることは間違いないし、万博の成功に向けて動く責任者でもある」と記者団に語った。

それから5日後の11月1日、府庁に吉村や横山らが集まった。会場建設費の2度目の上ぶれについて、万博協会から詳しい説明を受けた。

万博協会によると、上ぶれ前の1850億円のなかには、物価の上昇に備えるお金として150億円を織り込んでいた。

資材費や労務費の上昇率は年1・5％を想定していたが、実際には資材費が年13・44％、労務費は年4・8％だった。それらを踏まえると、値上がりの影響額は527億円となり、備えで織り込んだ150億円を大幅に超える見込みという。

施工方法の見直しなどでコストを削減しても、新たな予備費130億円を含めて、最大500億円が上ぶれするとした。

府市は物価高の状況などについて、独自に調べた。万博協会が値上がりの根拠とした日本建設業連合会のデータを精査して、資材費と労務費を合わせた値上がり幅は近年、1年あたりで「9％」と見積もった。

一方、府市の調べでは市営住宅の床面積あたりの工事費は20～23年度にかけて、21・9％上がっていた。1年あたりに換算すると「7％」になる。警察庁舎の工事費は19～23年度に41・6％上がり、1年あたりでは「10％」だった。

府市はそんな事例も踏まえて、万博協会が根拠とする値上がり幅の「9％」は妥当だと結論づけた。新たに織り込む予備費130億円についても、事業者への聞き取りや文献の調査などを踏まえて、理解できる金額だとした。

説明を聞いた吉村は言った。

「（上ぶれの）主要な要因は、前回（20年）の増額時の想定を大きく超える物価の上昇、資材価格の高騰、人件費の高騰に尽きる。コストカットもしているがどうしても、資材・人件費の高騰で500億円の増額はやむを得ない」

市長の横山も「府市の発注の上昇率と（比べて）おおむね想定内に収まっているということで、検証とも齟齬がない。やむを得ない」と述べた。

大阪での「維新一強」の象徴である府市トップが「やむを得ない」と上ぶれを認めたこの日の会議。要したのは、1時間7分だった。

石毛が2度目の上ぶれの見通しを公表してから、12日後にあたる。

維新は「身を切る改革」を前面に掲げて支持を広げてきた。だがある維新幹部は、今回の対応については「増額ありき」を認めた。

「総論としては、万博を開催することで決まっている。こちらとしては、（公開質問などで）

厳しく追及している『ポーズ』が必要なんだ」

別の維新幹部は、将来的に3度目となる「大阪都構想」に挑むことも念頭に置いて、こうこぼした。

「万博を成功させるまでは、維新として派手な動きはできない」

経済界も同じ11月1日、経団連、関経連、大阪商工会議所、関西経済同友会の4団体の連名でコメントを出し、2度目の上ぶれを認めた。

「昨今の資材価格や労務費の高騰等の影響を受けたもので、万博の成功に向けてやむを得ないものと理解する」

一方、万博協会副会長を務める経営者は「万博協会は、プロセスを説明しないからあかん」と述べた。会場建設費の現状や見通しを示すように万博協会に何度も求めてきたが、ほとんど情報は出てこなかったという。

翌2日には、国も2度目の上ぶれを容認した。

25年ぶりの全員協議会

それから8日後の23年11月10日、府議会は「全員協議会」を開いた。重要な課題について必要に応じて話し合う場で、府議会で開くのは関西空港の飛行経路について議論した1998年以来25年ぶりだった。

吉村が会場建設費の2度目の上ぶれの受け入れを表明した後、説明の場を設けるよう府議会に申し入れ、開催が決まった。

吉村は「2回目の増額になったこと、この間の執行確認が不十分だったことについておわびを申し上げる」と謝罪した。

公明党の肥後洋一朗は、こう問いただした。

「丁寧な説明が行われておらず、府民や市民の理解が得られていない。予算の範囲内で万博の規模を縮小すればいいのではとの意見まで出ている。(万博協会の提案を)『丸のみ』したように見えるが、提示された金額について議論することもなく、そのまま受け入れたのか」

吉村はこれに対して、上ぶれを算定した根拠などについて詳しい確認を重ねたうえで、受け入れの判断をしたと説明。「増額は今回が最後になるようしっかりと取り組んでいくという説明も受けており、私としても今回が最後の増額だと考えている」と話した。

やり取りの最後に肥後は、「(万博)協会の副会長である知事が、協会に積極的に働きかけ、もっと早い段階から会場建設費の執行状況についての報告を受けるべきだった」と指摘。積極的に情報を集めたり、府民への発信を強化したりするよう求めた。

自民党の中井源樹は2度目の上ぶれについて、「早い段階から物価高を認識できるような状況や機会があったにもかかわらず、対応が後手になっている」と批判した。

府議会は20日の本会議で、「今回の増額を最後とすること」などを求める意見書を賛成多数で可決した。

意見書では会場建設費について、「徹底したコスト管理とコスト縮減を可能な限り追求」することや「定期的に建設費の執行状況を公表すること」などを求めた。

公明党は反対に回った。吉村が上ぶれは今回で最後になるという認識をすでに示していることを受け、意見書を国へ提出する「意図が理解できない」とした。

共産党なども反対した。

意見書を共同で出したのは、大阪維新の会と自民党。両党は安倍政権時代の「蜜月」を生かし、万博の誘致を推し進めた「旗振り役」だった。

運営費が4割増

会場建設費の2度目の上ぶれが決まると、次は運営費も上ぶれするという臆測が飛び交うようになる。関係者からは、予防線を張るような発言があった。

経産相の西村は2023年12月7日の国会答弁で、運営費が赤字になった場合の対応について、こう話した。

「実施主体である万博協会が業務執行責任を負うことが大前提。国として補塡することは考えていない」

それを受けて府知事の吉村は11日、「万博は国の事業で、国が（不足分を）負担しないなか、府市が負担するわけがない」と述べた。

万博協会は14日、運営費が当初の809億円より4割増えて、1160億円になると公表した。

上ぶれした351億円のうち、人件費の上昇分が220億円を占める。残りの131億円は、スマートフォンの普及に伴う追加のシステム開発などにあてるとした。

運営費は1160億円のうち、入場券の収入で約8割（969億円）をまかなう考えだ。残りの約2割（191億円）は、万博協会が建てた飲食・物販店舗の出店料、公式キャラクター「ミャクミャク」のグッズのライセンス料などで稼ぐ。

そのため運営費は、入場券が計画通りに売れなければ、赤字になる可能性が高い。

この日の記者会見では、「赤字リスク」について質問が相次いだ。

事務総長の石毛は「(入場券収入は)保守的に見積もった」と応じた。来場者が想定の2820万人の8割でも、目標の入場券収入を達成できるという。

会見に先立って開かれた万博協会の理事会でも、運営費の赤字リスクが議題になった。

ある理事「運営費が赤字になった場合、国は補塡しないと明言した。協会が最終責任を負うとしているが、どうやって負うのか。普通に考えて、できないのではないか」

万博協会「運営費は保守的な数字にしている。赤字が出ないよう、最大限努力する。赤字が出た場合については仮定の話なので、具体的にいま議論するのは正しいものではない。将来的には理事会などで議論していただくべきだとは考える」

別の理事「赤字になった場合をいま議論すべきではないとのことだが、事務総長のその考えは間違っている。いまの段階から議論すべきだ。入場券の販売計画について、誰にどれだけ販売していくのか、海外のチケット販促をどう考えるのかを示してほしい」

理事会では、そんなやりとりがあったという。

一方、上ぶれ前の運営費には盛りこまれていた「警備費」の一部(199億円)は、国が税金で肩代わりすることになった。元首相の安倍晋三の銃撃事件や、韓国・ソウルの繁華街で150人超が亡くなった雑踏事故などを踏まえ、警備の強化が求められていた。

公費負担の全体像

経産省と府市は5日後の23年12月19日、公費負担の「全体像」を明らかにした。会場建設費の2度目の上ぶれなどで世論の批判が高まり、対応に迫られた。

国の負担総額（24年2月更新）は1649億円（＋今後の費用）。万博に「直投資する事業」の金額を出したという。内訳は次の通り。

・会場建設費の国の負担分……最大783億円
・日本政府が出展する「日本館」の建設費など……最大360億円
・途上国などの出展のための費用……240億円
・会場内の安全確保費用（警備費）……199億円
・全国的な機運醸成などの費用……40億円＋今後の費用
・誘致に要した費用……23億円
・博覧会国際事務局（BIE）への登録申請に要した費用……4億円

国はその後、警備費が55億円増えることを明らかにした。万博に来る要人の数が予想を上回る見込みになったためという。

府市の負担総額（24年2月更新）は、1325・4億円（＋今後の費用）に上った。こちらも万博に「直投資する事業」の金額だという。内訳は次の通り。

・会場建設費の府市の負担分……最大783億円
・大阪ヘルスケアパビリオンの建設など……118・6億円
・大阪メトロ中央線の輸送力増強など……40・2億円
・機運醸成など……39・2億円
・夢洲地区埋め立て工事にかかる一般会計負担……21・4億円
・誘致に要した費用……4・2億円
・その他（子ども無料招待事業も含む）……278・4億円＋今後の費用

経費を算出した方法が「あいまいだ」という声も上がった。

国や府市などは夢洲でのＩＲ開業も見据えて、大規模なインフラ整備やアクセス向上のための工事を進めている。これらの事業には8000億円以上がかかるという。府市分では夢洲地区の埋め立て工事費として、21・4億円を計上した。だが大部分は「万博のみに資する金額を算出することが困難」として、含んでいない。

共産党府委員会幹部は、こう批判した。

「カウントの仕方によって変わる。『これは万博とは別』という形で計算するのは、いかがなものか」

大阪維新の会の幹部は「大きなイベントには金がかかる。大事なのは中身だ」と話した。

大阪市は24年3月8日の市議会都市経済委員会で、万博での市民の負担額は1人あたり約2万7000円だと明らかにした。「府民」や「国民」としての負担分は「線引きが難しい」（担当者）などとして含んでいない。

市長の横山は「単純に人口で割り戻した数値であって、決して追加で市民税が上がるとか、追加の納税通知書がいくわけではない」と話した。

2億円トイレ

万博のトイレ建設に2億円かかる――。そんな情報がネット上などで広がり、「高すぎる」といった批判の声も相次いだ。

24年2月16日の衆院内閣委員会で、立憲民主党の中谷一馬は言った。

「トイレ1カ所に対して約2億円。豪華絢爛《けんらん》なのかもしれないが、さすがに高すぎないか。デザイナーズトイレということだが、（万博の）テーマの『いのち輝く未来社会のデザイン』に何か関係があるのか。私には少なくとも、無駄遣いの極みに見える」

経産省は資料を公表して、「2億円トイレ」について説明している。

万博協会は、会場内で約40カ所のトイレを設ける。そのうち8カ所は若手建築家が設計しており、最大規模のトイレが解体費込みで税込み約2億円かかるという。

一般的な公衆トイレ施設の平米単価（16〜22年）は約74万円だという。府内で整備された公衆トイレの平米単価（20〜21年）は、約110万円（大阪観光トイレ）や約81万円（服部緑地・こどもの楽園南便所）とした。

一方で、万博の「2億円トイレ」の平米単価は、約70万円や約58万円という。

「便器が数十個設置される大規模な設備で、一般的な公衆トイレの建設費用と比べて取り立てて高額であるとは言えない」

内閣委員会から4日後の記者会見。経産相の齋藤健は「2億円トイレ」についてそう述べ、計画の見直しを否定した。

協賛する企業が便器を提供してくれることなどもあるため、万博のトイレは一般の公衆トイレより安い傾向があるという。

万博のカネをめぐる問題がトイレに飛び火したが、騒ぎは次第に収まった。

低調な入場券販売

「(入場券の)売り方にもうひとつ工夫がないと、(売れ行きを上向かせるのは)なかなか難しい。いろいろなことを検討している」

万博の開幕が約1年後に控えた24年4月4日。大阪市内で開かれた万博協会・機運醸成委員会の総会後、委員長を務める関経連会長の松本(万博協会副会長)は報道陣にそう語った。

入場券は前年の11月末(開幕500日前)に売り出したが、この頃までに売れたのは122万枚。開幕までの目標(1400万枚)の1割にも達していなかった。

松本は「必ず前売りで1400万枚は売る決意だ」とも述べた。半分の700万枚は企業が数万枚単位でまとめ買いする計画のため、心配していないとした。

問題は一般向けの販売だった。ふるわない要因は、いくつか考えられた。

第一に、開催の機運が高まっていなかった。府市が21年度に行った調査では、万博に「行きたい」「どちらかと言えば行きたい」と答えた人は合わせて51・9％だった。だが22年度は41・2％、23年度は33・8％と下がった。海外パビリオンの建設遅れや公費負担増が、万博への期待を押し下げた可能性がある。

値段が高いという声もあった。いつでも1回入れる「一日券」は会期中に買うと大人（18歳以上）が7500円、中人（12～17歳）が4200円、小人（4～11歳）が1800円。繰り返し使える「通期パス」（大人は3万円）など、入場券はさまざまな種類がある。

万博協会は大人の一日券の値段について、19年時点では44米ドル（当時の為替レートで約4800円）で考えていた。内部で検討していた22年春の段階では6000円にする計画だったが、7月に元首相の安倍晋三が銃撃されて警察当局から要人の警備をより厳重にするよう求められたことに加え、人件費上昇や物価高もあり、7500円に引き上げた。前売り券は、買う時期やチケットの種類によって割り引いている。だが、万博で何が見られるかという肝心の「中身」の全容は見えなかった。

売り方に対しても、不満の声が上がった。

入場券は当初、ネットで買う「電子チケット」しかなかった。前売り入場券を買うにはまず、「万博ID」を登録しなければならない。スマートフォンやパソコンでしか操作できず、手間や時間がかかる。買い方が分からない高齢者もいたという。

05年の愛知万博では入場券を売り出した当初から、全国のコンビニや旅行会社、主要な駅などでも買えるようにしていた。

そんな状況を打開する一手が「紙チケット」だった。万博協会は開幕が約10カ月後に迫っていた24年6月の理事会で、販売の方針を決めた。コンビニなどで買いやすく、家族らへの「贈り物」としても需要があると考えたという。

電子チケットを買った人は事前に来場日時の予約をする必要があったが、紙チケットなら会期の一部で、予約なしでも入場を認めることにした。だが予約なしで入場を認める期間をめぐっては、万博協会と府市がなかなか折り合えなかった。

二つのリスク

「万博の運営費が赤字になった時に、『誰が責任を負うのか』という問いがまずある。政府は支出をしないということが（17年4月に）閣議了解されている。また、政府は赤字になっても責任は負わないという（国会）答弁が大臣からされている」

「国が負担しないものを大阪府市が負担することもできない。そうなると、（万博は）赤字は絶対に出したらいけない事業になっている。チケットは売りやすく、買いやすく、使いやすく、分かりやすいことが必要だ」

24年9月13日に開かれた万博協会理事会の中盤。府知事の吉村（万博協会副会長）は、そう危機感をあらわにした。

1カ月後の開幕半年前から売り出す紙チケットの購入者については、来場日時の予約をしなくても幅広く入場を認めるよう迫った。

理事会の2日前の時点で、入場券は約500万枚が売れた。開幕までの目標の35%ほどにとどまっていた。大半は企業による「まとめ買い」とみられた。

ただ、万博協会幹部の多くは予約なし入場を心配していた。「（来場者が殺到して）入場ゲートが制御できなくなると地下鉄の駅に影響が出て、会場だけでなく市民生活にも影響が生じる」（理事会出席者）などと考えたからだ。

前売り券の販売が好調とは言えないため、赤字と会場運営という二つのリスクが生じていた。「会長一任」として議論を引き取った十倉雅和（経団連会長）は、苦心をにじませた。

「売り上げを確保するのは、もちろん大事。安全・安心なくしては、来る人も増えない。

どう天秤にかけるかだ」

ハノーバー万博は赤字

万博会場の人工島・夢洲へ行く陸路は、南北1本ずつの道路と、大阪メトロ中央線しかない。万博協会幹部らはそんな状況を踏まえ、こうこぼした。

「予約なしで来て、会場の入り口前で長時間待たされ、不満がSNSで発信される方がリスクは高い」

「（来場者が殺到すれば）地下鉄で事故が起きる可能性がある。そうなれば、万博そのものがおしまいだ」

一方、ある府幹部は反論した。

「チケットは売ってなんぼ。売れる前からリスクのことばかり話しても仕方がない」

決着したのは、紙チケットの販売まで残り約2週間となった24年9月27日だった。

会期（184日）のうち、ゴールデンウィークや一部の夏休み期間などを除いた98日間で予約なし入場を認めることになった。万博協会幹部は「夢洲へのアクセスと安全面を考慮した、ぎりぎりの落としどころだった」と振り返った。

万博協会は紙チケットの販売目標は設けておらず、「どれぐらいの量になるかは未知数だ」（事務総長の石毛）とした。

２０００年のドイツ・ハノーバー万博では、来場者数が目標の半分にも達せず、国と地元自治体が１２００億円の赤字を税金で穴埋めした。

この時のテーマは「人間、自然、技術」。先端技術や発明品の展示が主な目的とされた従来型の万博と違って、環境問題を切り口に「課題解決」をめざした。だが、ＰＲ不足や高額な入場料が足かせになったとされる。

そうした過去があるにもかかわらず、今回の万博が赤字になった際の負担者・負担割合は決まっていない（24年12月時点）。国、府市、経済界などからの出向者が集まる「寄り合いの組織」である万博協会が、単独で負債を負うことはできない。

国民の負担が増すリスクは、くすぶり続けている。

よく学び、よく遊べ

石毛は紙チケットの販売が４日後に迫った24年10月９日、朝日新聞の単独インタビューに応じている。この頃には約７００万枚の入場券が売れ、開幕までの目標の半分に達して

大阪・関西万博 前売り券の販売推移と来場者見込み

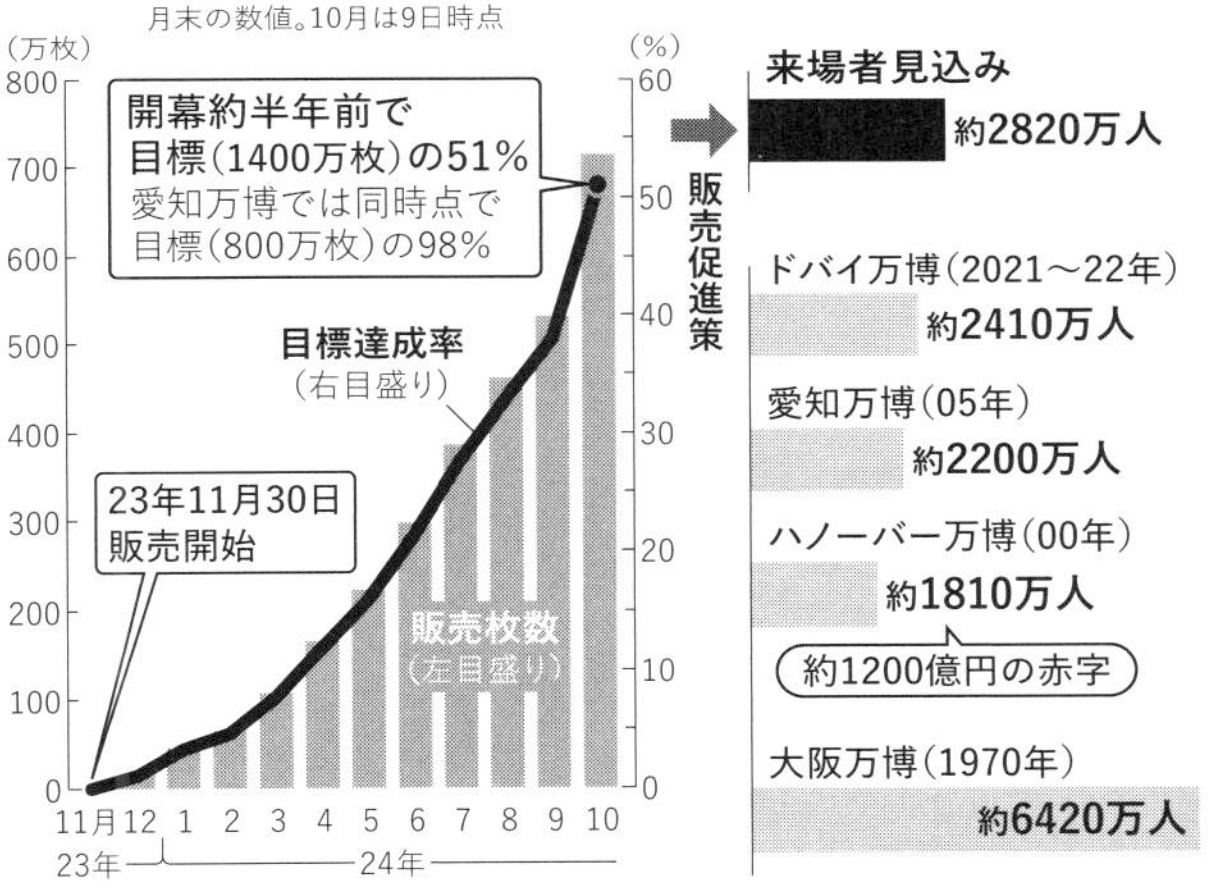

いた。現状について認識を問うと、こう答えた。

「大変高い目標を設定しているので、それを考えると悪くない。販売不振とはみていない。愛知万博では開幕半年前で目標（800万枚）の98％に達し、（今回の万博は）それに劣っているという指摘もあるが、当時とは旅行会社による入場券購入の規模が全然違う。今は個人がウェブで購入するのがメインになってきている。愛知の時と比較すると、ちょっとミスリードで、あまり適当ではないという感じがする」

「個人の購入は、6カ月前に（予定を）決めるって結構難しい。会期が始まって、口コミで行くというのが万博のマーケティングの主流。今までの万博でも、チケットの販売が伸びるのは必ず始まってからだ」

売れ行きへの不安や焦りは「ない」とした。各国のパビリオンの建設が遅れ、展示の内容が公表されていないケースも目立ったが、入場券の売れ行きには「あまり関係ないと思う」と述べた。

運営費が赤字になった場合の対応については、「赤字が目の前で起こってくれば当然、協議をするしかないが、そうなる前にしっかりと赤字にならないようチケット収入を増やしていく。一生懸命、営業に行っている」と話した。

赤字の対応は開幕前に話し合うべきではないのかと聞くと、「そういう考えではない」とした。

一方で万博協会はこの頃、開幕日には有名歌手「Ａｄｏ」のライブを開き、会期中はサウナを設置したり大相撲などのイベントを実施したりすることを明らかにしていた。

国際博覧会条約では博覧会について、「公衆の教育を主たる目的とする催し」と定めている。

来場者の確保に走るあまり、博覧会の定義や今回のテーマ「いのち輝く未来社会のデザイン」からずれているのではないか——。

そう問うと、石毛はこう述べた。

「『よく学び、よく遊べ』と言うじゃないですか。過去を見ても、あまりにも教育的すぎた万博は、成功した感じがない。ハノーバー万博は高邁な理念を掲げたが、あまりにもエンターテインメント性、楽しみが少なかったという反省も聞く」

「ストレスの多い社会だから、ある種の精神の解放がやっぱり重要なんじゃないか。（万博の成功には）エンタメと教育の両方が必要で、バランスを取ってやっていく必要があると考えている」

入場券を発売してから約1年後の24年11月27日時点では、累計約737万枚が売れた。開幕までの目標を達するには、1日あたり5万枚弱を売る必要があった。

関係者によると、約737万枚のうち約680万枚は企業によるまとめ買いという。経済界は目標にした700万枚に近づけたが、同じく700万枚を目標とする一般販売は60万枚ほどとみられ、1割にも届いていない。

発売から1カ月半で売れた紙チケットは「数千枚ほど」（関係者）とされた。

経済波及効果は2・9兆円か

会場建設費などで巨額の公費を投じたうえ、運営費が赤字になればさらに公費をつぎ込む恐れもある今回の万博。問われ続けたのは、開催の意義だった。

府知事の吉村は「経済効果」と「次世代への投資」を強調してきた。

「2兆円以上の経済効果があって、これは府民にとって大きなプラス」(23年10月20日、大阪市役所での囲み取材で)

「新しい産業や技術を各国が持ち寄る。そこから新しいものが生まれ、それがレガシー(遺産)として大阪や日本全体で世界の課題を解決するための新技術や産業が生まれることにつながっていく。『空飛ぶクルマ』はその例の一つだ」

「学生や子どもたちが新しい技術や価値観に触れることで、次の新しい未来社会をつくることにつながる。万博に触れることで、未来をつくっていこうと思う子どもたちが1人でも増えたら、非常に大きな成功だと思っている。それが経済効果以上に大阪・関西でやる意味があり、ひいては日本の成長にもつながる」(いずれも23年11月20日、朝日新聞の単独インタビューで)

経産省は24年3月29日、全国での万博の経済波及効果は約2・9兆円とする試算を明らかにした。会場建設費などが上ぶれした一方で、経済波及効果は前回の調査（18年）よりも4000億円増えたことを示した。

内訳は来場者による消費が1兆3777億円、建設投資が8570億円、運営・イベントが6808億円とした。

府市はこれをもとに、府域への経済波及効果を試算して、約1・6兆円とはじいた。国全体への経済波及効果の約56%を占める。内訳は来場者による消費が7217億円、建設投資が5732億円、運営・イベントが3233億円だった。

大阪経済の不都合な真実

経済波及効果を出す前提条件が、計画で見込んでいた約2820万人の来場だった。

一方、1970年の大阪万博はその2・3倍の約6420万人を集めた。地元では成功体験として語り継がれるが、その後の大阪経済の状況からは「不都合な真実」が浮かぶ。

大阪ではかつて、東京に対峙する大規模な経済圏をめざす「二眼レフ論」が唱えられた。日本経済の「焦点」が二つある状態を、カメラになぞらえて表現した。維新がめざしている「東西2極の1極」と同じような考え方だ。

だが内閣府の統計によると、名目の国内総生産（GDP）に占める大阪の割合が最も高かったのは、万博が開かれた70年度の10・2％だった。統計手法は変わっているが、その後は下落傾向が続いている。

コロナ禍が本格化する前の2019年度は7・1％。3位の愛知は7・0％で、ほぼ同じだった。一方、東京は17・1％（1970年度）から19・9％（2019年度）に伸ばしている。

高度経済成長期の象徴であり、成功を収めたはずの大阪万博は、中長期的な大阪経済の成長につながる「起爆剤」にはなっていないようだ。

関西の経済界には、同じ轍は踏めないという危機感が強い。

財界幹部からは「1970年の万博後のような状況にならないよう、何か工夫を考えないといけない」という声も漏れた。

だが、万博の目玉として期待された「空飛ぶクルマ」も見込みが外れた。

万博では日本で初めて一般客を運ぶ商用運航をめざしてきたが、運航事業者が安全性に関する国の証明を開幕までに得られない見通しとなった。万博協会は24年9月26日、商用運航は断念して、乗客なしのデモ飛行をする方針を示した。

夢洲を拠点にして近くを周遊したり、3〜5キロメートルほど離れた3カ所（大阪市内と兵庫県尼崎市内）と会場の間を飛んだりする計画という。

空飛ぶクルマは、垂直に離着陸する電動の小型航空機。滑走路がいらず、ヘリコプターよりも騒音を抑えられるという。ドローンに近い形のものから、固定翼を持つ飛行機のようなものまで、さまざまなタイプの開発が進む。

米ジョビー・アビエーションが開発する空飛ぶクルマ＝2024年11月２日、静岡県裾野市

車のように陸上を走るわけではなく、必ずしも車のような形でもない。車のように身近な空の乗り物という意味合いから、空飛ぶクルマと呼ばれる。

離島や山間部での移動のほか、災害時の救急搬送や物資の輸送、都市内の渋滞を避けた通勤・通学の手段などとして注目が高まっている。

万博で空飛ぶクルマのデモ飛行を予定しているのは4陣営。ANAホールディングスと米ジョビー・アビエーションのグループ、日本航空と住友商事の共同企業体、丸紅、ベンチャー企業のスカイドライブだ。

スカイドライブは3人乗りで航続距離が約15キロメートルの機体を開発している（24年11月時点）。同社が21年に市民ら300人超に行ったアンケートでは、空飛ぶクルマに乗ってみたくない理由（複数回答）は「機体の安全性に関する不安」が75・0％で最多だった。理解を広げ、「社会受容性」を高めることが課題となっている。

商用運航は見送ったが、万博協会の幹部はこう強調した。

「最新の機体が大阪湾岸を飛べば、いろんなタイプの空飛ぶクルマがあると分かってもらえる。実用化に向けた道筋の一つになれば」

子ども無料招待の実態

府知事の吉村が経済効果とともに万博の意義として掲げた「次世代への投資」。その象徴と言えるのが万博への子どもの無料招待事業だろう。だが、足並みの乱れもあった。

対象は府内の小中高に通う人や、府内在住の4～5歳児、府外の学校へ通う府内在住者など計約102万人。府内学校の小中高校生は学校ごとに校外学習として招くのを基本とし、4〜5歳児などには入場券を配る。

全員を無料で複数回招待するという方針も掲げた。1回目は府が全額（事業費見込みは約20億円）を出し、2回目以降は市町村が負担する方向性を打ち出した。

府市は23年9月に市町村への意向調査を始めたが、高槻市長の浜田剛史は11月22日の記者会見で言った。

「市町村で支出するのが妥当なのか、賛否両論がある」

その2日後。吉村は2回目以降の無料招待について「市町村に予算編成権があるから市町村長の判断」としたうえで、できれば複数回を実現したい考えを示した。

複数回をめざすのは入場者数を増やすためなのかと問われると、こう否定した。

「あまりにも穿《うが》った見方ではないか」

大阪市長の横山も「かけらも思っていなくて、びっくりした。非常に広くてパビリオンも多く、1日で回れる会場ではない」と語った。

府によると、府内43市町村のうち10市町が子ども無料招待の費用負担を見送った（24年11月時点）。そのうち2市では、独自の補助を出して、無料招待と同じようなメリットが得られるようにしたという。

一方で、府教育委員会は24年4月、学校ごとの来場を基本とした府内の小中高、支援学校の計約1900校（児童・生徒計約88万人）への意向調査を始めた。

これは府が全額負担する1回目の子ども無料招待に関するものだ。来場する考えがあるかどうかや、希望する日時、会場までの交通手段について5月末までに回答するよう求めた。

交野《かたの》市長の山本景は5月24日の記者会見で、「行きたいという学校は一校もなかった」と述べ、市内13校の学校単位での参加を見送ると明らかにした。

学校単位で参加する場合には、会場まで電車で移動するのが難しく、バスを使えば計約3000万円がかかるとした。建設中の万博会場で爆発火災が起き、子どもたちを連れて行くことを懸念する保護者もいたという。

吉村は6月3日、意向調査の結果を明らかにした。調査対象の約73%（約1390校）が来場を望み、約18%（約350校）が「未定・検討中」、約8%（約160校）は回答がなかったという。

大阪以外の自治体も子どもの無料招待を行う。

制度の設計はさまざまだが、朝日新聞が関西5府県の対象となる児童・生徒／人数／予算額見込みを調べると、次のような状況だった（24年7月2日時点）。

・兵庫県　小中高校生／約56万人／8億円（一部は県内企業が寄付予定）
・京都府　小中高校生／約25万人／3億3400万円
・滋賀県　4歳から高校生／約18万人／4億～5億円
・奈良県　小中高校生／約12万7000人／1億7000万円
・和歌山県　小中学生／約6万7000人／1億8000万円

民主主義の基本

初めての万博は1851年、ロンドンで開かれた。それから長らく、万博は自国の力を示す「国威発揚」の産業見本市だった。だがBIEは1994年、「地球規模の課題解決に貢献するもの」と万博のあり方を見直している。

今回の万博はそれも踏まえて「人類の健康・長寿への挑戦」というテーマを当初は考えていた。だが誘致に向けて新興国・途上国からも支持が得られるよう、幅広く解釈ができる「いのち輝く未来社会のデザイン」に変えた。

そのテーマを具現化する取り組みとして世界初となる万博での「ペット同伴入場」も打

ち出した。小型犬に限って一定期間だけ受け入れる案をまとめたが、手間や費用（実施なら約8300万円見込み）を考えて断念した。ペット同伴入場は、愛猫家として知られ、府知事・大阪市長を務めた維新創立メンバーの松井一郎の発案だった。

万博の経済波及効果はあるが、前回の大阪万博後の歴史を踏まえれば、中長期的に大阪経済を押し上げる「起爆剤」になるかは見通せない。

巨額の公費を投じて、いまの時代に、なぜ大阪（日本）で、「いのち」をテーマにした万博を開くのか――。

万博協会の「ナンバー2」で事務方トップの石毛は関東で生まれ育ち、「大阪」にも「万博」にも縁が乏しかった。ただ、万博にかかわる中で抱いた思いもあるという。

朝日新聞のインタビュー（2023年11月）で、こう述べた。

「（万博では）世界と未来をその場で見られる。情報化社会の今、なぜ多くの人が観光に行くのか。みんな『リアル』を見たいからだ。海外に行くにはお金がかかるが、万博ならパスポートなしで各国が考えていることの一端を知ることができる。世界を知ることはものすごく大事だ。約80年前の不幸な戦争は、世界を知らない国民が当時の政府を熱狂的に支持して起きた」

「自分たちはどれだけの力があり、どこに向かっているかをよく理解して投票し、世論をつくる必要がある。重要なことの決定を間違えないよう、一人ひとりの国民が自分の考えをつくるのは民主主義の基本。ポピュリズムの世界になり、判断を誤ってほしくない。そのために役立つイベントにしたい」

一方、万博が成功したかどうかを判断する指標について24年12月のインタビューで尋ねると、こう答えた。

「想定来場者の2820万人は、(この人数を) 想定して準備しましょうということで、その数が目標になっているわけではない。むしろ重要なのは、この万博の意義である、世界を見せ、未来を見せ、(出展者たちが) 未来をこういうふうに考えているんだということを来場者に理解してもらうことだ」

「参加国の方々が、自分たちが表現した私の国はこうです、私の考える未来はこうですということを十分表現できた、来場者に伝わったと思える、そういう満足度が達成されるかが重要。(展示をする) 企業などの参加者ももちろんそう。来場者も勉強になったなあ、将来こういうふうにしたいなと思う形になっていくとか、相対的なものだ。ひとつひとつの指標をとって、達成した、しなかったと測るものではない」

「ただ、収支については、赤字になって（国や大阪府・大阪市などの）ステークホルダー（利害関係者）が困ることにならないようにしなければいけない。その思いで、一生懸命チケットを販売し、（万博グッズの販売などから入る）ロイヤルティーも頑張ってもらっている」

第3章

海外パビリオン騒動

見過ごされた危機

皇居のそばにあり、東京都心のビル群を間近に望む「KKRホテル東京」。国家公務員共済組合連合会が組合員らのために運営しているが、一般の人たちも宿泊や結婚式、ビジネスセミナーなどに幅広く利用できる。

その11階の宴会場「朱鷺」に2022年9月26日午後1時、万博協会会長の十倉雅和や事務総長の石毛博行らが集まった。副会長の吉村洋文（大阪府知事）、松井一郎（大阪市長）らとはオンラインでつないで計約30人が集い、臨時理事会が非公開で開かれた。

会議は約40分間に及んだ。開幕が2年半後に迫った大阪・関西万博に向け、民間企業による出展の準備状況や、参加国・地域に情報を提供する国際企画会議を10月に大阪で開くことなどが次々と報告されていった。

議長を務めた十倉は参加者に意見を求めた。すると、ある理事が発言した。

「建設が後ろ倒しにならないか、危惧している。各国に対して、設計や建築確認申請、施工をどのように促していくのか」

懸念されたのは、各国が独自に設計して建てる「タイプA」の海外パビリオンだった。

形や装飾の自由度が高いため、個性的な施設にできるのが特徴だ。集客にも大きな影響を与えるとされ、「万博の華」とも言われる。

1970年の大阪万博で「月の石」を紹介したアメリカ館は、平たい楕円形の建物全体を約1万平方メートルの膜屋根で覆ってつくられた。宇宙船ソユーズが置かれたソ連館は、高さ約110メートルに鋭く突き出た形の展示棟が目を引いた。

これらがまさにタイプAの建物で、当時は入場するのに数時間待ちだった。一方、2005年の愛知万博ではタイプAの海外パビリオンは一棟もなく、日本側が建てた施設内で、すべての国が展示をしている。

1970年大阪万博のソ連館

今回の大阪・関西万博では当初、60カ国がタイプAで出展する考えを示していた。アイスランド、スウェーデン、デンマーク、ノルウェー、フィンランドの北欧5カ国は共同で建てるため、56施設の完成が見込まれた。
理事会で「建設の後ろ倒し」を心配された万博協会

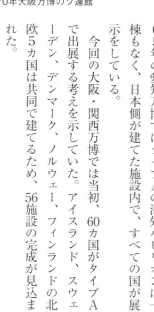

側は、こう説明した。

「工期に間に合うよう、一つひとつの国にコンサルテーション（相談）を実施するとともに、課題があれば解決に向けた協議を行っている」

一方で、こんな本音も漏らした。

「現在の協会の人員態勢では、率直に申し上げて全く不十分。各企業や自治体、国に対して、人員の拡充に向けた協力を依頼している」

理事会が終わった50分後、同じフロアにある宴会場「孔雀」。万博の工事で中心となるスーパーゼネコン4社（大林組、鹿島建設、清水建設、竹中工務店）の社長がそろい踏みし、十倉ら万博協会幹部との意見交換会に臨んだ。

「今後は労働時間が制約され、高度経済成長期からゼネコンがやってきた突貫工事が法令違反になるので懸念している」

「発注者と受注者で、早くものごとを決めていくことが大事だ」

万博協会幹部によると、会議ではそんな意見が出たという。

ゼネコンの業界団体・日本建設業連合会（日建連）も22年9月ごろ、「（このままでは開幕に）間に合わなくなる」と万博協会に伝えていた。

万博協会はこれを受け、多くの参加予定国・地域が集まった10月の国際企画会議で、建設を急ぐよう呼びかけるなどの対応を取った。

だが建設業界の幹部らは、不満を漏らす。

「当時はあまり我が事とは思ってもらえなかった」

「さんざん『こんなんじゃ間に合わないですよ』と言っているのに、万博協会は動かなかった」

それを証明するかのように、ある万博協会幹部は後に言った。

「全国的に建設ラッシュだったので、建設業界からの懸念の声は、工費値上げを狙った発言だと捉えていた」

その後は懸念された通り、建設の遅れが問題になっていく。

警鐘が鳴らされたにもかかわらず、危機は見過ごされた。

「A」が間に合わない

府知事の吉村が事態の深刻さをようやく把握したのは、23年5月になってからだ。

4月の知事選で「万博を最後まで責任を持ってやり切り成功させる」と訴え、ほかの各候補の5倍以上の票を得て再選したばかりの頃だった。維新としても統一地方選で党勢を広げ、国政では野党第1党をうかがっていた。

「このままでは『A』が間に合わない」

吉村にそう伝えたのは、大阪市副市長や副知事などを歴任し、5月から万博協会副事務総長（会場整備担当）を務めることになった田中清剛だった。

田中は京都大学大学院工学研究科を修了後、大阪市役所に採用された。建設・土木畑を歩んだエキスパートで、万博にも誘致の時から携わってきた。万博協会の内側に入ってパビリオン建設の状況を把握するにつれ、危機感を募らせていた。

吉村は5月29日、東京へ向かった。首相の岸田文雄や万博担当相の岡田直樹らに接触し、海外パビリオンの建設を進めるため、国の協力を求めた。同じ頃、首相の周辺にもパビリオン建設の遅れの情報が相次いで伝えられ、危機感が官邸で共有されはじめていた。

万博を所管する経済産業省は6月、日建連や全国建設業協会など、建設にかかわる四つの団体に協力を求める要請文を国土交通省経由で出した。

要請文には、こう書かれていた。

「海外パビリオン（タイプA）において、国内施工事業者との契約が進んでいない状況にあります。建設が開幕までに間に合わない場合には、大阪・関西万博が国際博覧会として成立しなくなることが危惧されます」

要請文では、パビリオンのデザインの簡素化によるコスト削減や工期の短縮などについて、政府として「外交ルートを含むハイレベル」で各国に求める方針を示した。万博協会としては、外国語で対応できる人材を確保するなど、各国とコミュニケーションを密にする態勢を整える考えを記した。

ただ、要請文の最後に書かれた「6月最終週から経済産業省及び2025年日本国際博覧会協会が順次個社に御説明に伺う予定である旨、念のため申し添えます」との一文に、警戒感が広がった。

あるゼネコン幹部はこぼした。

「万博はおつきあい程度で、『やった感』を出してお茶を濁したいが、社長のところに直々にお願いに来られたら、受けざるをえない」

建設申請「ゼロ」

23年7月1日。朝日新聞は朝刊1面のトップ記事で、海外パビリオンの建設遅れを報じた。

タイプAの工事を始めるには、各国が建設会社と話し合って基本設計をつくり、建築基準法で定められる「仮設建築物許可」を大阪市に申請しなければならない。だが申請はその時点で、1件も出ていなかった。

報道から2日後、大阪府庁の地下1階。府知事の吉村は、建設遅れの認識について囲み取材で問われ、開幕まで時間的に余裕がなくなっているのは事実だと認めた。

そして、こう強調した。

「国、博覧会協会、(大阪)府・市が協力して、間に合わせるように進めていきたい。建設業界に、現状をきちんと伝える必要があると思っている」

報道各社も建設遅れについて相次いで報じ、危機的な状況が広く共有されるようになった。

それに突き動かされる形で、万博協会は7月13日、事務総長の石毛による記者会見を大阪市内で開いた。「タイプAについて正しく理解していただくこと」が目的だった。

石毛は会見の冒頭、各パビリオンのデザインや工法が違うため「一概には言えない」と前置きしつつも、こう話した。

「標準的な工期から考えると、年末までに着工すれば開幕には間に合う。大阪市の許可は、それに間に合うように取得していただければ」

万博協会としては、デザインの簡素化や簡易な工法への変更、建設会社への発注の代行を選択肢として各国に示したと説明した。

これまでの対応が十分だったのかを問われると、『「またかよ』って思われるぐらい、各国に情報提供はしてきた」と答えつつ、「十分だったかどうかと言うよりも、しっかりとサポートすることで、参加国の構想に近い形で実現できるようにしたい」と語った。

関係者の焦りは消えなかった。

吉村は26日に府庁で開いた定例会見で、「理想論とか根性論だけじゃなくて、あるべき工期のスタイルを考えるべきだ。タイプAで完全にやり切ることに固執しすぎると、うまくいかないのではないか」と述べた。

一方で、開幕の延期や参加国のタイプAからの撤退については否定した。

建設が遅れた要因は

建設が遅れた要因はいくつかあった。

その一つは、万博の準備期間が通常より短くなったことだ。登録博と呼ばれる大規模な万博は5年に1度開かれ、4月ごろに開幕する。だがアラブ首長国連邦（UAE）で開かれた前回のドバイ万博は、暑さ対策のために開幕を半年遅らせ、コロナ禍の影響でさらに1年延期。21年10月1日〜22年3月31日という会期になった。結果として通常よりも1年半も後ずれしたが、大阪・関西万博の開幕時期は変わらなかった。

各国ではドバイと大阪・関西の両万博で、同じチームが準備を担っていることが多いという。ドバイ万博が終わるまでは、大阪・関西万博への対応を本格的に進めることができず、急ピッチの準備を強いられた。

結果として日本のゼネコン各社では、次のようなことが起きていた。

・ホームページ記載のメールアドレスに「パビリオンのご相談」といったメールがいきなり届くが信憑性が分からない
・本物かよく分からない海外のプロモーターが会社に連絡してくる
・設計図ではなくイメージ図だけ見せられ、材料も内装も分からないのに見積もりをしてくれと言われる
・日本の建築基準に適合するのか判断できる材料がないのに契約を求められる

ある建設関係者は憤った。

「万博協会が、日本で建設するにはこういうステップが必要だと参加国にちゃんと説明しないといけないのに、不十分だった。怠慢だと思う」

日本には、外国政府の仕事を受けた経験がある建設会社は大手を除けばあまりないという。人手不足も深刻になっている。各国の個性的なパビリオンが建築基準法に合わなければ、設計し直す必要がある。夢洲への陸路は限られ、工事が順調に進まない恐れもある。建設が期限に間に合わないと、違約金を請求されるかもしれない。

そんな状況を受け、多くの建設会社は受注をためらった。

「ほんとに万博やるの？」

「開幕を1年延期してもいいと思う」

朝日新聞の報道により、海外パビリオンの建設遅れが表面化する5日前。関西のある中堅ゼネコン幹部は、そう語った。

このゼネコンにも各国からパビリオン建設の依頼が相次いだ。だが人件費や建材費が高くなって肝心の「うまみ」も少なく、深い話になる前に断ったという。

「万博の工事の利益率は（普段の）平均か平均以下で、ものすごくもうかるわけではない。

日本建設業連合会会長の宮本洋一＝2023年７月26日、東京都中央区

万博のパビリオンを建てれば『名誉』にはなるが、受注のリスクが大きすぎて、よっぽどじゃない限りやりたくない」

ほかの建設関係者からも、「無理に万博の仕事をしても、今後の仕事につながらない」「参加国の予算は我々の見積もりの半額だった」といった声が上がった。

日建連会長の宮本洋一（清水建設会長）も当時、海外パビリオンの建設遅れに強い危機感を抱いていた。東京大学工学部を卒業して清水建設に入り、専務執行役員、社長などを歴任した建設業界の「重鎮」だ。

宮本は23年7月26日、東京都内で朝日新聞の単独インタビューに応じている。

タイプAが「万博の華」と呼ばれる目玉であることを踏まえ、「Aをしっかりできないような万博は、海外からのお客さんも来なくなってしまうし、意味がない。そうならないようにしなければいけない」と話した。

万博協会事務総長の石毛が「年末までに着工すれば間に合う」との認識を示したことについては、「建物にもよる。プレハブ的なものでいいなら、1年あればできるかもしれない」と述べた。

一方で、「業者さんが集中してきたときにどうなるか。結局、開会前はしっちゃかめっちゃかになるんじゃないかという気がしている。だから（石毛が年内着工で）間に合うとおっしゃったのは、すごい自信だなと思う」と語った。

建設業界も含めて開催の機運が高まらない一因に、建設遅れがあるという見方も示した。

「みんなが心配だということが現実になってきているので、盛り上がりに欠けている。ここにきて、もう1年半しかないと、盛り上がりに欠けているとか言っていられなくて、やむをえず何とか間に合わせるというのが、我々としてはものすごい残念なところだ」

2024年問題

海外パビリオンの建設遅れは、さらなる波紋も呼ぶことになる。

万博協会側が万博の工事について、時間外労働の上限規制の対象外にするよう政府に求めたことが明るみに出た。23年7月27日、複数のメディアが報じた。

労働基準法では、労働時間は原則として1日8時間、週40時間以内と定めている。労使で協定を結べば時間外労働をさせられるが、罰則や上限がないなどの問題があった。

そのため19年に施行された改正法では、労使で合意すれば年360時間、月45時間までは時間外労働を許すことを決めた。特別条項をつければ年720時間、休日労働を含めて、月100時間未満まで延長することができる。

建設業や運送・物流業は5年の猶予期間があり、改正法は24年4月から適用された。「残業規制」によって1人でこなせる仕事量が減るため、人手不足も深刻になるとみられ、業界は「2024年問題」として危機感を募らせていた。

万博協会側が内々で政府に求めたことは、この残業規制を万博の工事に限って「骨抜き」にすることにつながる。

建設遅れに焦りの色を深め、状況を打開しようと模索した一手だったが、SNSなどで批判が巻き起こる。労働問題に取り組む弁護士らでつくる民主法律協会は、報道から一夜明けた28日に抗議声明を出し、「万博開催のためには、労働者の健康や生命が犠牲となってもやむを得ないと言わんばかり」と批判した。

関係者は「火消し」に追われた。

万博協会は報道各社の記者に「要請した事実はありません」と伝え、否定して回った。経産相の西村康稔は28日の記者会見で、「直接要請は受けていない。協会とさまざまな課題を洗い出す過程で、話に上がったものの一つ」と話した。官房長官の松野博一も、同じような答え方をした。

政府としては働き方改革を進めている手前、容認することはできなかった。特例を一度認めると際限なく広がり、規制が形骸化する恐れもある。

万博協会の求めを実現するには、労働基準法の改正が必要になるとみられた。関係者の間では「災害その他避けることのできない事由によって、臨時の必要がある場合」は規制を外せるという規定を万博に適用できないか、という案も浮上していた。

厚生労働相の加藤勝信はこれについて会見で問われると、「個別具体的に検討することになるが、（万博のような）単なる業務の繁忙については認められない」と述べた。

大阪・関西万博のテーマは「いのち輝く未来社会のデザイン」だ。建設関係者はそれを踏まえて、こう指摘した。

「長時間働かせようなんて、全然、いのちは輝いていないですよね」

災害だと思えばいい

その後、ゼネコンの労働組合が加盟する日本建設産業職員労働組合協議会は「労働者の権利を蔑《ないがし》ろにしているばかりでなく、法律への理解が乏しい発言」とする抗議文を公表した。過労死弁護団全国連絡会議も抗議声明を出し、「（残業規制の）適用除外を行わなければ開催できないイベントであるというならば、開催を取りやめるほかはない」と訴えた。

騒動はいったん落ち着いたかに見えたが、再燃する。

その場所は、自民党本部で開かれた党大阪・関西万博推進本部の会合（23年10月10日）だった。出席議員らによると「（海外パビリオン建設は）人繰りが非常に厳しくなる。超法規的な取り扱いができないのか」「災害だと思えばいい」といった意見が出たという。「非常事態であるから、残業時間規制についても必要であればとっぱらうということも考えるべきだという意見は多かった」

推進本部事務局長の松川るい（参院議員）は会合の後、残業規制の適用除外を求める意見があったのかを報道陣に問われ、そう答えた。

その後、「超法規的な取り扱い」を会合で求めたのは参院議員の足立敏之だと明らかになった。足立は朝日新聞の取材に語った。

「工事が間に合うかどうか微妙な状況にあり、なんとか間に合わせるための一つの例として超法規的な措置も必要だと思った」

政府側は「万博のテーマを考えても、相いれない」（万博相の自見英子）などとして、最後まで認めなかった。残業規制の「骨抜き」は理解が広がらず、立ち消えとなった。

窮余の「タイプX」

海外パビリオンの方式は自国で建てる「タイプA」のほかに、万博協会に賃料を払って出展する「タイプB」と「タイプC」がある。

タイプBは、パビリオン内に1カ国ずつの独立した展示部屋を設けるのが特徴だ。「長屋」のようなイメージで、内装や外装は各国が担う。タイプCは各国の独立した部屋はなく、「体育館」のような広い一つの空間で、いくつもの国々がブースを設けて展示する。

どちらもタイプAより簡素なパビリオンで、基本的には工期も短い。万博協会が発注するためゼネコンとの調整もスムーズで、建設遅れは生じなかった。

ただ、建物の形で独自性を打ち出すことはできないという難点があった。タイプAで話を進めてきた各国にとっては、建設遅れに悩まされても、タイプBやタイプCへの移行を決めるのは簡単ではなかった。

パビリオンの「工期の短縮」と「独自性の担保」。その両立を図るため、万博協会がひねり出した窮余の策が、「タイプX」だった。

タイプXは、万博協会がプレハブ工法の簡易な建物をつくり、参加国に引き渡す「建て売り」方式だ。内外装は各国が請け負う。タイプBとは違って、一つの建物全体を自国のパビリオンにできるため、各国のデザインの裁量は大きい。

床面積は300、500、900、1200平方メートルの4タイプを想定した。建設や解体の費用はタイプAと同じように、各国が負担する。

万博協会は24年春に着工、その年末までに各国に引き渡し、内外装を開幕までに間に合わせるという青写真を描いた。その実現に向けて23年8月、各国にタイプXの選択肢を示し、希望する国は8月末までに連絡するよう求めた。締め切りの時期は、建設遅れが表面化してから約2カ月後にあたる。

一方、万博誘致を推し進めた維新の関係者はタイプXが浮上した頃、「責任逃れ」とも取られかねない発言をした。

日本維新の会代表の馬場伸幸は8月30日に国会内であった党会合で、こう述べた。

「私の経験では、1970年の大阪万博では開会直後に会場に行ったらまだいろんなパビリオンが工事中という状態だった」

「万博というのは国の行事、国のイベントなので、（建設遅れが）大阪の責任とかそういうことではなしに、国を挙げてやっている」

ほかの維新幹部からも「国の万博推進本部のトップは（首相の）岸田さん。失敗したときに維新のせいにするのは無理筋だ」と、予防線を張るような発言が出るようになった。

翌31日、万博の関係者会合が首相官邸で開かれた。経産相の西村や万博相の岡田直樹、府知事の吉村、大阪市長の横山英幸、万博協会会長の十倉らが一堂に会した。

岸田は海外パビリオンの建設遅れなどを踏まえ、こう言った。

大阪・関西万博に関する関係者会合で発言する首相の岸田文雄（左から２番目）＝2023年８月31日、首相官邸

「万博の準備はまさに胸突き八丁の状況にある」

財務省や経産省から局長級の幹部を万博協会に派遣し、態勢を強化することも明らかにした。

進まぬタイプ変更

だが、タイプXへの変更はいっこうに進まなかった。

首相官邸の会合から一夜明け、タイプXの申請期限も過ぎた23年9月1日。

万博協会事務総長の石毛は大阪市内で記者会見に臨み、タイプXに関心を示しているのは5カ国だと明かした。

Xへの変更を決めた国はなかった。申請期限は2週間ほど延ばし、希望国のさらなる上積みをめざす考えを示した。「(関心を示している国が)5で十分だと言うつもりは全くない。もっと多くの国が現実的な判断をくだせるよう働きかける」と語った。

関係者の意気込みに反して建設が進まない状況を受け、日建連会長の宮本は22日の記者会見で、再び危機感をあらわにした。

「(海外パビリオンの建設が開幕に)間に合うかどうかは、全く分からない。我々の感覚からすると期限は過ぎている」

その1週間後の29日。石毛は万博協会理事会後に東京都内で会見し、Xに関心を示した国は10カ国程度だと明かした。

この時点でタイプXへの変更が判明していたのは、アンゴラだけだった。ウクライナ危機やコロナ禍でモノ・サービスの値段が上がったことも踏まえ、タイプXを選んだという。

アフリカ大陸南部の産油国で、ダイヤモンドなどの豊富な鉱物資源でも知られる。国土は日本の約3倍で、3000万人以上が暮らす。1975年にポルトガルから独立したが、内戦が27年続いた歴史もある。

会見時には2週間ほど延長したタイプXの変更申請の締め切りは過ぎていたが、石毛は「各国と打ち合わせをしながら進めているので、何月何日がデッドラインだと話すのは適当ではない」と話した。

各国の動きが鈍く、なし崩しで方針を変えた形だが、こう釈明した。

「国内での理解を得ないといけないとか、時間がかかる要素があるのだろう。各国の様子を聞かずにバサッと決めるわけにはいかない」

チェコが許可申請「第一号」

大阪市は23年9月19日、中央ヨーロッパのチェコがパビリオンの着工に必要な「仮設建築物許可」を申請したと発表した。海外勢の「第一号」だった。

チェコはドイツの東側にある内陸国。面積は日本の約5分の1、言い換えれば北海道よりやや小さい国土に、1000万人ほどが住んでいる。歴史的な建物が多く、首都プラハの市街などがユネスコの世界遺産にも登録されている。1993年にスロバキアとの連邦国家を解消し、いまの国になった。日本はドイツに次ぐ投資国という。

「第一号」だけに、準備は順調かと思えた。だが申請から約2カ月後に朝日新聞のインタビューに応じた政府代表のオンドジェイ・ソシュカは、苦心をにじませた。

「非常に厳しい状況。ただし、まだあきらめるつもりはない」

ソシュカによると、本国での設計コンペを通じて決めた建物のデザインが木材を使った斬新なものだったため、日本の規制が壁になったという。「日本と欧州の建築基準がこれほど違っているとは、想定していなかった」

日本の関係者からは「規制に対応するためにも、建設会社を早めに巻き込むべきだ」と助言されたというが、今度はチェコの法律が壁になった。建設許可が出る前に、建設業者を入札で選ぶことができなかったからだ。「チェコと日本には距離があり、文化や法律も違う。万博のプロジェクトは非常に複雑になっている」と言った。

それでも、すでに多くのコストとエネルギーを使っていることや、チェコ国民の期待、海側から見て最前線で「最もいい場所」（ソシュカ）にパビリオンをつくりたい思いなどから、タイプXへの変更には後ろ向きだった。

ソシュカは日本の大学で半年ほど学び、日本人がチェコの首都プラハや、同国の作曲家ドボルザークについて知っていることに驚いた経験があるという。

それを踏まえ、「日本の皆さんが考えるチェコの姿を万博でアップデートしたい。技術革新が進み、ナノテクノロジー、バイオテクノロジーなどの分野でも先進的な取り組みが多くある」と語った。会期中の平日はビジネスイベント、週末には文化イベントを考えているという。

チェコはその後、本国から取り寄せる木材の耐久試験などを経て、日本の規制をクリア。万博の開幕まで1年を切ってから、タイプAの着工にこぎ着けた。

やれることはやってきた

万博協会の石毛は2023年11月24日、朝日新聞の単独インタビューに応じた。会場建設費の2度目の上ぶれを記者会見で発表してから、1カ月ほど経っていた。入場券を売り始める「万博500日前」の節目は、6日後に迫っていた。

取材は大阪市内にある万博協会オフィスの一室で、約1時間にわたって続いた。海外パビリオンの建設遅れについて質問を重ねると、これまでの経緯を振り返った。

「海外パビリオンの建設遅れへの懸念が22年に建設業界から寄せられ、スーパーゼネコン4社と面談もした。だが、当時は（万博のシンボルとされる）大屋根（リング）が落札されて実施設計に入っている段階。議論はむしろそこに集中して、海外パビリオンはそこまで問題という感じにはなっていなかった」

「22年10月の国際企画会議では、建設遅れの懸念を私自身が全体説明で各国に伝え、参加国と建設業者で打ち合わせの会議もした。だが、各国は22年3月末までドバイ万博に出展しており、同じ関係者が大阪・関西万博も担当することが多いので、なかなか準備が進まなかった」

「22年末ごろまでの動きを見て（準備が進んでいないと）心配し始めた。各国は建設業者と深い議論になればなるほど、両者で秘密保持契約などを結ぶようになる。状況を把握するのは大変だったが、23年3月末ごろには各国の準備状況が見えてきた」

「ＢＩＥ（博覧会国際事務局）の事務局長からは『もっと政府を巻き込まないといけない』とアドバイスされた。私も日本政府の力を借りないと難しいと感じていたので、政府に働きかけ、23年のゴールデンウイーク以降ぐらいからは毎週、一カ国一カ国の状況を私に報告してもらうなど、建設促進の取り組みを特に集中的に行った」

「協会としては、やれることを精いっぱいやってきた。『協会がちゃんとやっていないからこうなったのでは』と言われるが、これ以上は何ができたのかなという感じは、正直言ってある。いま各国のパビリオンの準備はおおむね順調。一時の状況と比べればかなり変わってきている。国ごとにいろんな事情があり、タイプＡからほかのタイプを選択する可能性も含めて、開幕までに間に合わせたい」

関経連会長の怒り

年が明けて24年1月10日、タイプＡのパビリオンが初めて着工した。アジアの経済強国・シンガポールだった。

国土は東京23区よりやや大きいぐらいで狭いが、国際的な金融取引が盛んな「金融センター」として知られ、ヒト・モノ・カネが世界から集まる。大阪府・大阪市がIR誘致にあたって参考にしたのも、シンガポールだ。

この日は曇り空の下、約10人の工事関係者らが夢洲を訪ねた。建設の場所を示す杭が設計図通りに打ち付けられているかを測量で確認し、本格的な工事に備えていた。

開幕に向けて「明るい兆し」が見え始めたが、この時点ではまだ約20カ国が建設業者を探していた。状況が大きく好転したとは言いがたかった。

「『建設会社はナショナルプロジェクトの万博を成功させるために、最大の努力をする』ということぐらい、コメントの最後につけたらどうや」

2月9日、経営者らが社会問題や経営のあり方を話し合う「関西財界セミナー」の後に京都市内で開かれた記者会見。万博協会副会長を務める関西経済連合会会長の松本正義は、不満をぶちまけた。

「松本が怒っとったと（記事に）書いておいてほしい。建設会社の協会のトップがね、けしからん」

念頭にあったのは、万博工事への苦言を呈していた日建連会長、宮本だった。

その宮本は22日の記者会見で、松本の発言について問われ、「特段コメントすることはない。現地ではみんな必死に取り組んでいる。建設業界として、これまで同様に成功に向けて可能な努力をしていく」と話した。

一方、今後の課題についても指摘した。

「（大屋根）リングがつながった際には、内側への重機や資材の搬入に制約が生じると聞いている」

現実を直視して

万博協会内でも依然として、懸念はくすぶっていた。24年3月13日に東京都内で開かれた理事会の終盤では、ある理事がこう問いただした。

「タイプAの話だが、（建設）事業者が決まっていないところが20くらいある。これは（開幕に間に合わせるのが）少し難しくなってくると思う。協会としてどのように動いていくか、具体的に考えてほしい」

万博協会の担当者はこれに対して、「課題を精査しながら検討を進めていく」などと応じたという。

万博協会の石毛はその理事会から約2週間後の29日、朝日新聞の単独インタビューに再び応じた。開幕1年前が間近に迫っていたが、その頃までに建設事業者が決まったのは36カ国。建設の遅れは依然として指摘されていたが、こう話した。

「建設事業者と細部の詰めをしている国がほとんどだ。細かな条件、ビジネス上のネゴシエーションをしている国が多いのだろう。間に合うよう相談に乗りながらやっている」

「（本国の）国内事情で予算がなかなか獲得できない国もある。中には『国内の入札手続きが3月で終わった』という国もある。でも遅れたからシャットアウトとは言いづらい。各国は自分たちで決めたパビリオン建設の方針について、国内のいろんな層の人たちから了解を取っている。だから基本的には（設計などの）方針を変えたくない。一方、現行案で本当に工期内に完成できるのかについても考えないといけない」

「各国政府には23年秋ごろから、『もう現実を直視してください』『現実的にやりましょう』と、閣僚を通じて伝えてもらっている。開幕まで500日を切った23年11月末ごろから、各国もさすがに煮詰まってきた。日本の建設市場を踏まえて予算について本国に相談したり、建設に使う素材を変えてみたりする積み上げをしてきた」

「今の時点では、特定のパビリオンが開幕に間に合わないという状況ではない。ただ、(間に合わない国が)絶対にないと言い切るのは難しい。開幕しても展示の一部修正などをしている国は、過去の万博でもあった。BIEのディミトリ・ケルケンツェス事務局長とは、デッドラインがあるとすれば、(開幕日の)25年4月13日だけなんだと話している」

タイプAは2割減

各国の出展方針がおおむね固まったと発表されたのは、開幕まで約9カ月に迫った24年7月12日だった。

参加する161カ国・地域のうち、タイプAは47、タイプXは5、タイプBは17、タイプCは92とされた。当初は60カ国がタイプAを目指していたが、2割ほどがタイプCやタイプXに変えるなどの対応を取った。

北欧5カ国は当初の予定通り、一つのパビリオンを共同で建てる。イタリアとバチカン市国も同じパビリオンを使うため、タイプAの施設数は42となる。

「それぞれの国の財政事情や政権が変わったこと、あるいは国際的なイベントをその国で開催するのに人手が取られるとか、各国にさまざまな事情があった」

万博相の自見英子は、記者団にそう説明した。

ある万博協会幹部は「タイプAとXで計52カ国の『独自パビリオン』ができれば、十分に魅力的な万博になる」と話した。

タイプXについては、何カ国が希望するかが見通せなかったため、万博協会は25施設分の資材を発注していた。その後、各国の動向をみて必要になると見込んだ9施設を建てたが、タイプXを希望したのは5カ国にとどまった。

万博協会の見込みが外れた結果として、資材をキャンセルしたり、残った4施設を休憩場などに転用したり、タイプAが撤退した区画を整備したりする必要に迫られた。その対応にかかる費用は50億円超に上り、公費が3分の2を占める会場建設費で負担する。

その後、ロシアと戦争が続くウクライナ（タイプC）が出展を表明したり、イラン（タイプX）が参加を取りやめたりするなどの動きがあった。万博協会によると、参加国・地域の総数は12月末時点で158（タイプA47、X4、B13、C94）となった。参加表明してから撤退を決めた国は、ロシアやメキシコなど計12カ国に上るという。

タイプAの全47カ国が着工し終えたのは、12月9日だった。

最後の国は、地中海に浮かぶ島国マルタ。兵庫県の淡路島の半分ほどの広さに、50万人

大阪・関西万博のパビリオン

（2024年11月時点）

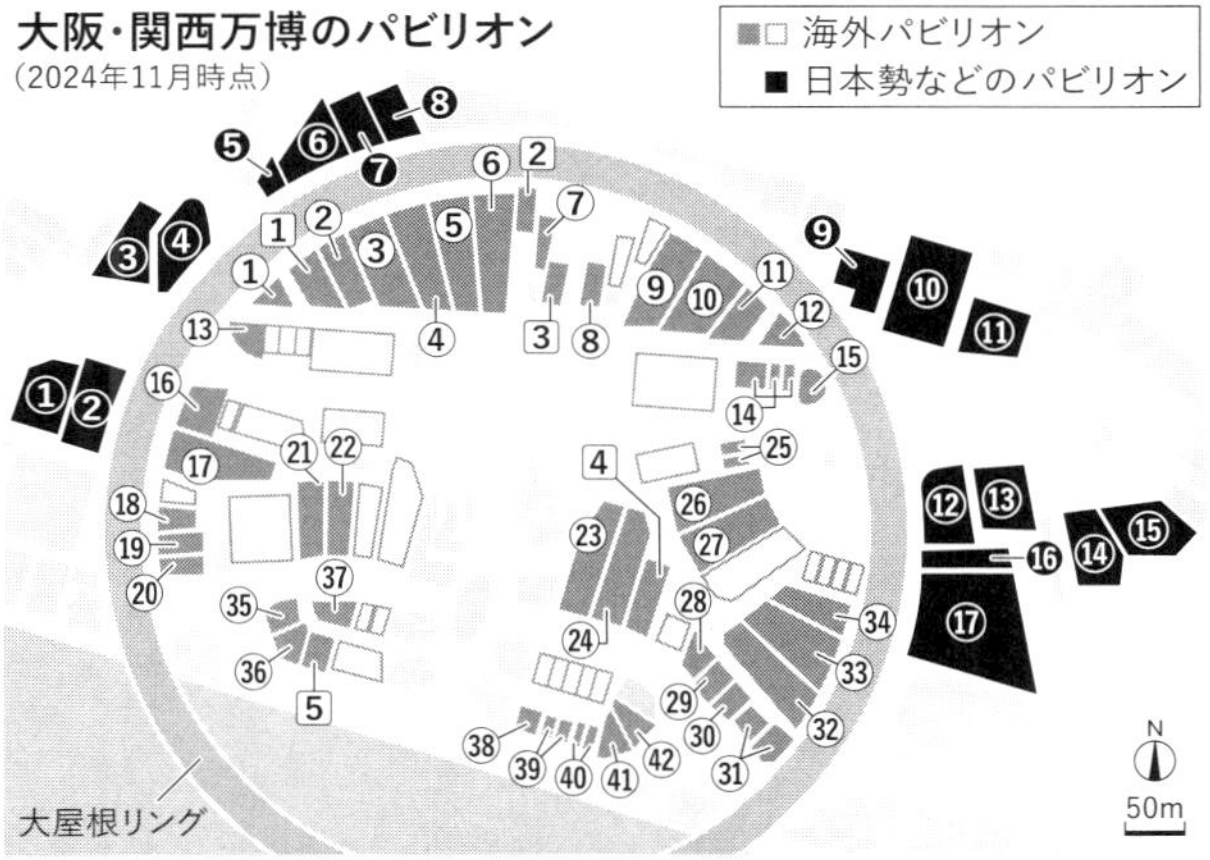

海外パビリオン

▼タイプA

①ウズベキスタン
②インドネシア
③オーストラリア
④サウジアラビア
⑤スペイン
⑥タイ
⑦モナコ
⑧アゼルバイジャン
⑨韓国
⑩ドイツ
⑪ルクセンブルク
⑫ネパール
⑬セルビア
⑭マレーシア
⑮アイルランド
⑯ベルギー
⑰イタリア・バチカン市国
⑱シンガポール
⑲ブルガリア
⑳オランダ
㉑オマーン
㉒ハンガリー
㉓中国
㉔クウェート
㉕フィリピン
㉖米国
㉗フランス
㉘オーストリア
㉙スイス
㉚コロンビア
㉛ポルトガル
㉜カナダ
㉝アラブ首長国連邦
㉞カタール
㉟ルーマニア
㊱英国
㊲ポーランド
㊳チェコ
㊴マルタ
㊵北欧5カ国
㊶トルクメニスタン
㊷バーレーン

▼タイプX

[1]インド
[2]トルコ
[3]イラン
[4]ブラジル
[5]アンゴラ

日本勢などのパビリオン

❶パソナグループ
❷吉本興業ホールディングス
❸バンダイナムコホールディングス
❹ゼリ・ジャパン
❺大阪外食産業協会
❻飯田グループホールディングス
❼日本ガス協会
❽玉山デジタルテック
❾関西広域連合
❿大阪府・大阪市
⓫NTT
⓬電気事業連合会
⓭住友グループ
⓮パナソニックホールディングス
⓯三菱グループ
⓰ウーマンズパビリオン
⓱日本政府

ほどが暮らす。温暖な気候で、リゾート地としても人気が高い。

万博協会は大型重機による工事などを10月中旬（当初のガイドラインでは7月13日）までに終えるよう各国に求めていたが、その期限は過ぎていた。

「A」にこだわったポーランド

出展の方針をめぐって、各国にはさまざまな葛藤があった。

多くの苦難に見舞われながらもタイプAにこだわったのが、東欧のポーランドだった。バルト海に面し、EU（欧州連合）に加わっている。国土は日本の約8割で、4000万人弱が暮らす。「ロマン派音楽」を代表する作曲家ショパンの出身地でもある。

建設業者を探し始めたのは、23年6月だったという。朝日新聞が建設遅れについて報じる少し前にあたる。

日本のゼネコンをめぐったが、パビリオンの複雑な造りが敬遠され、「工期が間に合わない」と断られ続けた。ある業者には、こう告げられた。

「（パビリオンは）きれいだが、建てるのに2年半くらいかかる」

パビリオンは3階建て。アーチ状の木材を用いて、ポーランドの創造性や革新の精神を押し寄せる波のように表現している。

万博協会からはタイプXも提案されたが、方針は変えなかった。

政府副代表のエリザ・クロノフスカ・シバクは朝日新聞の取材（24年6月）に「全世界が注目する万博のパビリオンはきれいで目を引くものでないといけないし、これまでの努力や予算を無駄にするわけにはいかなかった」と話した。

入札では、1社が手を挙げた。だがポーランドで政権交代が起き、建設業者との交渉は3カ月ほど滞った。

本国の承認は24年3月にやっと下りたが、その業者はすでに、複数のパビリオン建設を請け負っていた。

ポーランド政府副代表のエリザ・クロノフスカ・シバク＝2024年6月24日、大阪市中央区

「間に合わせるには1階建ての建物しかできない」とデザインの変更を提案されたため、急きょ新たな業者を探すことにした。
建設業者を探し始めてから約1年が経った6月18日。工期が短くなったこともあり、当初の予算は大幅に上回ったが、契約にこぎ着けた。

「本当にぎりぎりだった。業者探しは失敗するかもしれないと思ったが、なんとか契約できてびっくりしている」

クロノフスカ・シバクはそう振り返った。

ポーランド館にはコンサートルームを設け、ショパンの曲などを楽しめるピアノの演奏会を定期的に開く考えだという。

「X」を選んだブラジル

多くの日系人が暮らす南米のブラジルは、タイプAからタイプXに変更した。パビリオンの責任者を務める貿易投資振興庁長官のジョルジェ・ビアナは、24年2月と6月に東京都内で記者会見を開き、内情を明かしている。

決断を下した要因は、時間の制約だった。

パビリオンの工事を落札したブラジルの業者は、海外で建設を担った経験が乏しかった。日本とブラジルには12時間の時差があり、工事の進捗を管理するのは難しい。業者から提示された金額も大きかった。

建設が開幕までに間に合うのか不安を感じていた時、日本政府からタイプXの話を聞き、23年10月に変更を決めた。

「限られた時間での建設にリスクを感じており、より確実に、期間内に完了できるタイプXに移行した」

結果として、コストも大幅に抑えられたという。

ブラジル館は平屋の2棟で成り立ち、面積は計約1000平方メートル。当初に考えていたタイプAのパビリオンと比べ、約3分の1になったという。

パビリオンでは、誰もが社会に参画できるようにする理念「ソーシャルインクルージョン」（社会的包摂）や貧困、気候変動といった世界的な課題について考える機会をつくりたいという。「多様性」「いのちの力」など五つのテーマの展示が15分ほどで次々にあらわれる演出を採り入れ、面積が限られても幅広い表現ができるよう工夫した。

「（建物が）小さくなった影響は克服された。タイプXであっても、大きな驚きを与える、注目を浴びるパビリオンになると確信している」

1日あたり、最大1万人の来館を見込んでいる。

ブラジル国内では、「万博に予算を使うべきなのか」「出展する意義があるのか」といった意見もあったという。それでも、ビアナは強調した。

「（万博で）各国がお互いのことを知り、世界がより平和で友好的になっていくという意味で、出展に意義があると判断している」

「C」に変えたアルメニア

タイプAからタイプCに変えた国の一つが、東欧のアルメニアだ。旧ソ連の構成国で、トルコのすぐ東側にある。人口は300万人に満たない。

アルメニア館の設計を担ったのは、建築家の遠藤秀平だった。朝日新聞の取材（24年6月）で、複雑な胸の内を明かした。

遠藤は10歳の時、1970年の大阪万博に2度足を運び、見たこともない建物が並んでいる光景を目にして建築に興味を持ったという。

そんな万博への思い入れもあり、2023年7月ごろからアルメニアと話し合いを始めた。現地も訪ねて経産副大臣らと意見を交わし、11月に契約を結んだ。

来場者の視線が空へと移るよう、パビリオンは山のような形に設計した。「国境のない空をみんなで共有したい」という思いを込めた。

だがその後、トラブルに見舞われる。

24年に入って、万博を担当する経産相が辞め、先行きが不安視された。間近に迫っていた日本の建設会社との契約は、人手不足やコスト高などで白紙になった。

こうした困難を乗り越え、ようやく着工のメドが立った矢先だった。

遠藤秀平が設計し、幻となったアルメニア館＝設計者提供

アルメニア政府は6月、タイプCへの変更を決めた。5月に起きた洪水被害の復興に万博の予算をあてるためという。

「(原案は) 幻のパビリオンになってしまった。今まで積み上げてきたものがなくなってしまうという喪失感があった」

遠藤は、そう振り返った。

建設会社との契約が白紙になっていなければ、状況は違っていたかもしれない。

夢洲につながる道路は、北側の橋と南側のトンネルの2本しかない。人や資材を運ぶ効率は良くない。そうした事情を参加国が把握していなかったため、建設業者との契約が遅れた可能性があると考えている。

「万博協会が各国に『遅れている』という通告をもっと早く出していれば、ここまで建設が遅れることはなかった」

万博協会の情報の出し方にも、疑問を投げかけた。

アルメニアと契約を正式に結ぶまで、敷地の正確な大きさなど細かい情報は分からなかったという。建設業者も同じように、契約までは詳しい情報にアクセスできなかった。何を準備したらいいのか、何にお金がかかるのか、あいまいな状態が続いたという。

「建設業者も高めに見積もりをつくらざるを得ず、そうなると契約に結びつかないという悪循環になっていた」

受注した企業の思い

建設業者はどんな思いで海外パビリオンの建設を請け負い、難航が予想された工事を乗り切ったのか。

建機レンタル大手のニシオホールディングス（大阪市）はイタリア、フィリピン、インドネシアの3カ国のパビリオン建設を引き受けた。

受注を決めたのは、23年夏から冬ごろだった。ちょうど海外パビリオンの建設遅れが表面化し、万博協会などが対応に追われていたころだ。

「採算面ではそんなにもうからないが、会社の知名度向上にもつながる。万博という機会を活用すべきだと思った」

「イタリアとは万博の会期中、一緒にイベントを開こうという話にもなっている。万博という機会に海外と交流して生まれた『化学反応』は、いろんな業界、分野の発展につながると感じている」

社長の西尾公志は、朝日新聞の取材（24年10月）でそう語った。

ニシオホールディングスには、規格化された木材と独自の金物を組み合わせる「ATA工法」という技術がある。幅は数十メートル程度、奥行きは無制限で、柱なしの空間をつくれるのが特徴だ。

この工法なら鉄骨と比べて、建屋の工期を4割ほど短くできるという。木造で軽いため、頑丈な基礎も必要ない。地盤が弱い夢洲での工事に適しているとして、10カ国以上から引き合いがあった。

イタリアなど3カ国は、ATA工法の特徴を踏まえて展示内容などを考えてくれたため、受注に合意できた。契約を見送った国については、法律や商習慣が違ったり、斬新なデザインのパビリオンだったりして、互いの理解が深まらなかった。

工事は開幕までに間に合うと考えていたが、「楽な道のりではなかった」と話す。

苦労した大きな要因は、人手不足だった。特に電気や空調などの設備工事では深刻で、業者探しで苦しんだ。工事で一緒にジョイントベンチャー（JV）を組む建設会社に紹介してもらうなどして、主に関西圏から集めることができた。

そのほかにも、工事の何らかの「ピース」が埋まらないことも多かった。

例えば当初は、日本の基準に合うエレベーターは、納期まで1年以上かかると言われたこともあった。納期が遅れればそれに関わる工事も遅れ、人手を確保するためにコストも上がる。24年春から夏ごろはそうした課題への対応に追われ、最も苦労した時期だった。

夢洲への陸路が少ないことについては、「当初から分かっていたことで、交通渋滞も思ったほどではなかった」という。

大屋根リングがつながれば、工事の制約が生まれると指摘する声もあったが、「大きなネックにはなっていない。もちろんリングがなければ工事の自由度はもっと高まるが、前もって分かっていれば工夫できる」と述べた。

現場は「白鳥の水かき」

一方、夢洲で思わぬトラブルに直面した企業もあった。

ある建設会社によると、受注したパビリオンを建てるために地下を掘ると、硬い層にぶち当たった。土砂の掘削に使われる「ショベル」で砕こうとしたが刃が折れ、別の機材を導入する羽目になった。

その費用として、数百万円かかったという。幹部は「うちはなんとか費用を捻出したが、もっと小さい建設会社なら負担できなかったのではないか」と話した。

別のパビリオンを請け負った建設会社幹部は、「開幕に間に合うか、ぎりぎりの状況だ」と朝日新聞の取材（24年10月）に打ち明けた。

この企業は工期を短くするため、工場で部材をつくって現地で組み立てる「プレキャスト」という手法を取り入れた。「お金で時間を買った」（幹部）という。

万博が終わった後はパビリオンをいったん解体し、別の場所に移したい考えもあった。だが工期が短かったため、解体を見据えた手法では建設できず、移築は難しいという。

複雑なデザインの外観をつくった時期は2交代制で24時間、工事を進めた。その頃は、通常の2倍の人手が必要になった。

普段の工事なら、内装については別の業者に一任するが、今回は開幕まで時間が少ないため、内装業者がスムーズに工事を進めるための準備も請け負う。

万博協会は建設の遅れが指摘されても、「開幕に間に合う」と繰り返してきた。だがこの建設会社幹部は、いろんな工夫を重ねながら工事を前に進めていることを踏まえ、実態をこう表現した。

「建設現場は、『白鳥の水かき』。みんなが涙ぐましい努力をして、開幕に間に合わせようとしている」

パビリオンの歴史

そもそもなぜ、万博ではパビリオンを建設するのか。

世界初の万博は、産業革命を経て1851年に開かれたロンドン万博だった。会場になったのは、水晶宮（クリスタルパレス）。当時は珍しい、ガラスと鉄骨でできた巨大な施設（長さ563メートル、幅124メートル）として注目を集めた。パビリオンはなく、展示はすべて水晶宮で行われた。

1867年のパリ万博では一部の展示がメイン会場に収まらず、別館も建てて展示をした。これが、パビリオンの源流とみられる。その後は徐々に、パビリオンをつくる流れが強まったという。

万博に詳しい国際日本文化研究センター所長の井上章一は、朝日新聞の取材（2024年6月）で、「万博の中心施設の空洞化が進み、『おまけ』だったはずのパビリオンの存在が大きくなっていった」と説明した。

パビリオンは、時代を映す鏡でもあった。1937年のパリ万博ではエッフェル塔を背景にして、ドイツ館とソ連館が向き合って建てられた。戦争をしかねないとみられていた両国の施設が、あえて近くに置かれたとされる。

主催国が過去の万博よりも多くの出展国数をめざす風潮もあり、その後もパビリオンがなくなることはなかった。井上はそんな「万博の華」が今回の万博で予定より減ったことについて、「集客に多少の影響は出るだろう」とみる。

その一方で、万博の成功・失敗を分けるのは、来場者が忘れられない思い出をつくれるかどうかだと指摘する。

「パビリオンが減るなかで、より魅力的な出し物をひねり出せるかが、主催者の腕の見せどころになる。アメリカ館やソ連館が大きな話題になった70年の大阪万博でさえ、パビリオンのみが記憶に残っているわけでは、必ずしもないわけで」

タイプAが減っても集客に大きな影響がなければ、多くのパビリオンを建てて来場者を引きつけるという万博のあり方を見直すきっかけにもなると考える。

「万博で見聞きできるものは、ほとんどがネットで分かる時代だ。来場者を引きつけるのは建築物ではなく、日本でなかなか味わえない国の料理といった、電脳媒体では伝わらないものではないか。ならば、展示の『器』にあまりこだわらなくてもよいと考える手もある」

楽譜の巨大オブジェも

大阪・関西万博の海外パビリオンは、高さが原則として12メートル以内と定められている。地盤が弱い夢洲を会場に選んだこともあり、施設の造りにも制限がかかった。1970年の大阪万博で人気を集めたソ連館（最高部が約110メートル）のような建物はできないが、各国はさまざまな趣向を凝らしている。

アメリカ館は三角の2棟の建物が、上空から見てアルファベットの「W」のような形で並ぶ。その二つの建物を立方体がつなげる。

日本の古い橋の造形などにも影響を受けたデザインだという。設計チームを率いる米国の建築家トレー・トレイハンは、2024年4月の起工式前の取材で、「立方体の下をくぐる通路はアーチ状。異なる共同体をつなぐ架け橋の象徴でもある」と語った。

施設にはステージも設け、会期中は連日、バンドやダンサーらが出演する見通しだ。米航空宇宙局（NASA）と、宇宙関連の展示も準備しているという。

サウジアラビア館の模型＝2023年11月15日、大阪市

大阪・関西万博の次の万博開催地となるサウジアラビアは、伝統的な市場「スーク」を模したパビリオンを建てる。茶色いブロック型の建物が、入り組んだ路地を構成している。大阪が商人の街として栄えたことを踏まえ、サウジアラビアの市場と大阪の商店街とを結びつけるデザインを考えたという。

幅200メートル、全長170キロにも及ぶ帯状の人工都市「ザ・ライン」など、サウジアラビアで進む巨大事業について館内で紹介する考えだ。

中国館の外観は、古代の書物「竹簡」をモチーフにしている。「自然と共に生きるコミュニティの構築―グリーン発展の未来社会―」をテーマに、中国の文化などを紹介するという。イギリス館は積み木をイメージした箱形の建物をいくつか並べた形だ。内部では「ストーンヘンジ」「ビッグベン」といった有名な景色などの映像を映し出し、実際にその場にいるような没入感を味わえるようにする。

首都ウィーンが「音楽の都」として知られるオーストリアは、楽譜を模したらせん状の木製オブジェ（高さ約12メートル）を館外に設ける。館内には、人工知能（AI）を使って来場者が作曲できる装置を備える考えだ。フィリピン館は、布が編み込まれたような形で、実物の織物を取り込んだ素材で表現するという。

万博の価値はどこに

そもそも各国はなぜ、巨額の公費を投じて万博に出展するのか。24年6月、奈良市で開かれた国際参加者会議の出席者たちに尋ねた。

「万博は、大阪やその周辺で存在感を高めるチャンスだ。関西の中小企業にネットワークを広げることや、シェフらを含む個人事業主や小規模な生産者にも高い関心がある。両国のビジネス関係が深まるきっかけにしたい」

イタリアの万博政府代表、マリオ・ヴァッタ―ニは期待を語った。

イタリア政府は、アフリカとの相互協力を軸とする「マッテイ計画」を打ち出している。アフリカは地中海を挟んで対岸にあるため、イタリア側の見識も深いという。

「すでにアフリカに出ている日本企業も多いとは思うが、これからはイタリア企業と手を組むことも選択肢になるのではないか。逆に日本企業は東南アジアで存在感があるので、イタリア企業が日本企業と組んでこの市場に出て行くこともあり得る。こうしたことが広がっていけば、イタリアと日本、双方にとってチャンスになる」

会期中は、イタリア各地からビジネス関係者を招くという。

イタリア館のテーマは、「芸術は生命を再生する」。アート作品や食文化を紹介するほか、オペラなども企画するという。天球儀をあしらった彫刻「ファルネーゼのアトラス」（ナポリ国立考古学博物館蔵）を日本で初めて展示する考えだ。

「いまイタリアではものづくり人口が減っているが、これは日本にも共通する課題だろう。

チリ万博政府代表のパウリーナ・ナサル＝2024年6月24日、大阪市中央区

そこでイタリア館は『本物をつくる』ことに目を向け、誇りを持ってもらいたいとの思いで準備している。ぜひ若い日本のみなさんにも感じていただきたい。パビリオンにはイタリアの学生も招く予定なので、若者同士の交流の機会にもなれば」

日本から見て地球のほぼ反対側にある南米チリも、ビジネス効果を期待する。

万博政府代表のパウリーナ・ナサルは「万博は6カ月という長い機会を提供してくれる。貿易フェアなどは期間が短いので、関心があっても参加できない人も多いと思う」と話した。

日本からチリへの輸出は自動車などが中心で、年3000億円規模だ。一方の輸入は鉱物や水産物、農作物などが目立ち、年1兆円規模となっている。「日本とは今後、クリーンエネルギーの分野で良いパートナー関係を築いていきたい」と言う。

期待はワインにも及ぶ。23年度の日本のボトルワインの輸入量は、チリがフランスを上回って1位だ。だが金額ではフランスの3分の1以下にとどまる。

「日本では、高級なチリワインがあまり知られていない。万博をきっかけに、ぜひ味わってもらいたい」

インターネットで多くの情報を知れる時代でも、万博の意義は大きいと考えている。

「日本の人たちはチリのワインを飲み、料理を食べ、文化活動を直接知ることができる。それはオンライン会議とは大きな違いだ。オンラインだと対面よりも、話したり行動したりすることをためらってしまう」

今回の万博では、タイプBで出展する。チリの人たちが織ったマントをシンボルとして館内に飾り、その下でチリの歴史や、未来について考えていることを伝えたいという。産業やテクノロジーの進化を紹介するスクリーンも備える方針だ。

日本からの投資に期待する声もある。

タイプCで出展する西アフリカのコートジボワールも、その一つだ。日本とほぼ同じ広さの国土に約3000万人が暮らす。チョコレートの原料となるカカオ豆の生産量では、世界一を誇っている。

これまでは原料の輸出が中心だったが、より高度な加工品の輸出への転換を進めようと、外資の工場を積極的に誘致しているという。

政府輸出促進機関の最高経営責任者、カラジ・ファディガは言った。

「我々のことを知ってもらい、日本企業にもぜひ投資を検討してもらいたい。カカオ豆の品質には自信がある。日本の高い技術と組み合わせれば、いい製品ができる」

第4章

夢洲が招いた危機

爆発火災が残した損傷

大阪湾の人工島・夢洲の西部にある「グリーンワールド（GW）」。大屋根リングの外側にあり、万博会場の約3割を占める。空飛ぶクルマの発着場や屋外イベント広場のほか、バスなどの交通ターミナルも設ける「玄関口」の一つだ。

2024年3月28日午前10時55分ごろ。会期中には多くの子どもたちも訪れるこの場所で、爆発火災が起きた。

「走行中の車同士がぶつかったようなデカい音。巨大な風船が破裂したようにも聞こえた」

現場近くの屋外にいた男性作業員は、そう振り返った。揺れは感じず、火や煙も見えなかった。においがした記憶もない。

だが爆発が起きたトイレ棟（平屋建て約500平方メートル）のなかでは、目に見える被害が生じていた。

厚さ18センチのコンクリート製の床が割れ、鉄筋などの基礎はむき出しになった。生じた亀裂の幅は、約6メートル。修復が必要と判断される破損箇所は、約100平方メートルの範囲にわたっていた。

「床は薄くないので、爆発はかなりの威力だったはず」（男性作業員）

砕けた破片はトイレ棟内に飛び散り、鋼板の屋根材には10カ所のへこみができた。配管を通すために建物の基礎部分を貫く塩化ビニール管は、2カ所が変色した。床下空間に入る点検口の金属製のふたも、衝撃でゆがんだ。

爆発火災で損傷した床＝2024年7月2日、大阪市此花区

トイレ棟内では4人が工事をしていたが、幸いにもけが人はいなかった。

「なんか知らんけど、爆発してん」

男性作業員によると、トイレ棟で溶接をしていた人はぼうぜんとして、そう話したという。他の作業員らも、何が起きたのか分からない様子で戸惑っていた。

しばらくすると工事関係者らが集まり、電話連絡や現場の撮影を始めた。万博協会の担当者も、爆発から約1時間後に駆けつけた。

可燃性ガスに引火

万博協会は翌日、事故についてウェブサイトで公表した。爆発が起きた要因については、「配管ピット内にたまった可燃性ガスに引火した」とした。GW工区では火花が出る作業はすべて停止しているとし、消防による現場の検証を踏まえて再発防止策をつくったうえで、作業を再び始める方針も示した。

配管ピットとは、配管を通すための地下空間のことだ。そこに可燃性ガス（後にメタンガスとみられると公表）がたまっており、地上での溶接作業で生じた火花が引火し、爆発を引き起こしたという。

万博協会幹部はこの日、大阪市内で報道陣の取材に応じた。可燃性ガスが今後も地下から湧き出るのか問われると、こう述べた。

「10年、20年単位で出続けるとみられる」

GW工区は、一般廃棄物や上下水道などから出た汚泥の最終処分場として、1985年から埋め立てが始まった場所だ。現在は近くのごみ焼却施設から出た焼却灰だけで埋め立てを続けている。

ごみの最終処分場では、埋め立てられた廃棄物や焼却灰に含まれる有機物を土壌の微生物が分解する過程で、メタンガスが発生しやすい。

メタンガスに含まれるメタンは無臭・無毒で、都市ガスの主成分としても知られる。空気中の濃度が5～15％になれば、引火や爆発の恐れがあるという。空気より軽いため、地下から地上に湧き出てくる。

そのためGW工区では、地中に滞まったガスを地上に放つためにガス抜き管を設け、大阪市などが設置した団体が定期的にガス濃度も測っている。

GW工区の危険性は、爆発の前から懸念されていた。

23年11月の参院予算委員会では、社民党の福島瑞穂が「現場でメタンガスが出ている。火がついたら爆発する」と指摘した。それに対して万博担当相の自見英子は、「大阪市が配管施設を設置し、ガスを大気放散していると聞いている。万博の開催時に危険性はないと考えている」と答えていた。

海外パビリオンや大屋根リングが集まる会場中心部「パビリオンワールド（PW）工区」はGW工区と違い、建設残土や河川から取れた浚渫《しゅんせつ》土砂で埋め立てている。万博協会は可燃性ガスが発生しにくいとして、GW工区での爆発の後も工事を続けた。

教育関係者の要望書

爆発を受けて、教育関係者や市民らに懸念が広がった。

大阪教職員組合、大阪府立高等学校教職員組合、府立障害児学校教職員組合の3団体は24年4月18日、府知事の吉村洋文と府教育委員会教育長の水野達朗あてに要望書を出した。

「万博開催中も同様の事故が起こる恐れがあります」

「学校現場や父母・府民から、『本当に子どもを連れて行っても大丈夫?』など心配する声が出ています」

そう記した念頭にあったのは、府が進める万博への子ども無料招待事業だった。日本の将来を担う子どもたちを万博に招き、先端技術などを見聞きして将来の進路について考えたり、世界の文化を体感したりしてもらう狙いがあった。

府内の公立と私立学校に通う小中高生は約88万人いる。府教委は来場日時の希望や人数などの意向について、学校側に調査を始める予定だった。

要望書では爆発に関する情報を学校現場に伝えることを求め、「府・府教委として、今回の事故についてきちんと調査し、安全であることを確認すべきです」と指摘した。それができるまでは意向調査を中止し、無料招待事業は見送るべきだとした。

府立高等学校教職員組合で執行委員長を務める志摩毅は、大阪市内で開いた記者会見で訴えた。

「学校行事は、安全に参加できるのが大前提だ」

万博協会は要望書が出された翌日、爆発の「続報」を伝えた。

施工者の鹿島・飛島建設共同企業体が定めた手順書では、地下の配管ピット内で工事をする時はガス濃度が基準値未満かどうかを確認することになっていたが、床上の作業では測るよう規定していなかったという。結果として安全確認が不十分になり、爆発を引き起こしたと結論づけた。

原因となった可燃性ガスについては、「メタンで間違いないと思われる」とした。

再発防止策として手順書を見直し、今後は床上も含めたすべての作業をする前にガス濃度を測ることにした。配管ピットの自然換気も常に行ってガスの滞留を防ぎ、火気を使う工事は22日から再開する考えを示した。

万博協会の整備局長の藁田博行は市民らの不安を打ち消そうと、大阪市内の万博協会オフィスで開いた記者会見で強調した。

「メタンガスが出ても、すぐ燃えたり爆発したりするわけではない。安心して会場へ来ていただけるよう、（開催中の）対策をお示ししたい」

一方で、本音も漏らした。

「正直に言って、（事故の被害が）これぐらいで済んで良かった。今後さらに安全に関して気を引き締めないといけないという戒めと捉えている」

目と鼻の先に事故現場

その約1カ月後の24年5月15日。

要望書を出した大阪教職員組合など3団体あてに、府教委から文書で回答が届いた。3団体によると、「情報提供する」といった文言が並び、爆発事故に関しては公式ウェブサイトの内容に触れるだけだったという。

21日の大阪市議会でも、会場の安全性に厳しい目が向けられる。

子どもたちも使う団体休憩所は、事故が起きたGW工区にできる。市の担当者からそう説明を受けた市議の田中宏樹（自民くらし）は、「目と鼻の先に事故現場がある。私も小学生の娘がおり、不安を感じている」と話した。

翌日の委員会では、爆発事故などを受けて無料招待の中止を求めた5件の陳情書が議題となった。だが維新市議7人が反対し、採択されなかった。

学校側が現地を十分に下見できないことや、交通機関の乗り継ぎで混乱が起きかねないことを指摘する声も上がった。だが市教委の担当者は「関係機関と連携して、対策を検討している」などの答弁を繰り返した。

「誰も『爆発事故はもう起こりません』『安全です』と言わない万博会場に、子どもたちを連れて行けません。『万博への子ども招待事業』の中止を求めます」

3団体はその後、表題に太字でそう書いた要望書を吉村と府教育長の水野宛てに出した。爆発事故について学校の現場に周知されていないことに、苦言も付した。

大阪教職員組合書記長の米山幸治は、記者会見で言った。

「安全安心が確保されるかは、子どもを招待している以上、府や府教委がきちっと責任を持って判断すべき。判断できないのであれば招待はやめるべきだ」

豊中市の小中学校の保護者らは、子どもたちを学校単位で万博会場へ連れて行くことに反対し、2000筆以上の署名を集めた。

不十分な情報開示

「市民らの不安を払拭したい」としていたはずの万博協会も、その言葉とは裏腹に、十分な情報を開示しなかった。

万博協会は当初、被害が顕著だった床面の写真を1枚しか公開していなかった。コンクリートの床が割れた箇所は見切れ、被害の全容は見えなかった。

爆発現場の近くにいた男性作業員は憤った。

「(万博では) 生活が苦しい人の税金も際限なく使われる。爆発についても、事実を隠したらアカンと思う」

爆発による損傷箇所も、当初は十分に公表されていなかった。鋼板の屋根材の10カ所にわたるへこみや、配管を通すために建物の基礎部分を貫く塩化ビニール管の2カ所の変色が公表されたのは、事故から2カ月近くが経った24年5月22日だった。

施工者は損傷を認識していたが、組織内で情報がうまく共有されていなかったという。結果として万博協会にも伝わらず、報告が遅れたと説明した。

朝日新聞の情報公開請求で示された消防記録で、施工者が爆発について地元消防署に連絡したのが、発生から約4時間半後の午後3時半だったことも分かった。

消防法は「火災を発見した人は遅滞なく通報しなければならない」と定めている。鹿島建設広報室の担当者は「建物などに焼損はなく、負傷者もいなかったことから、連絡の要否を確認するまでに時間を要した」と話した。

万博協会は「施工者は被害を拡大させない措置をとるなど、対応は正しく適切だった」としていた。だが23日に開かれた府議会・万博推進特別委員会の質疑では、万博協会が爆発から4日後、同じような事故があった場合には速やかに消防に通報するよう施工者に指導していたことが分かった。

公明党府議の藤村昌隆は「(万博協会の認識と対応が)ちぐはぐだ」と批判した。

万博協会はその後、追加の対応に踏み切った。

床面の写真は、新たに3枚を公表した。当初の写真とは別の角度から撮影されており、コンクリート床の破損箇所から数メートル離れた位置にある点検口でも、ふたが外れるなどの破損が確認できた。

公表したのは「被害の隠蔽との臆測を呼んだため」という。それまでは1枚だけだったことについては、損傷などを説明しやすい写真だと判断したためで、「他意はなかった」

とした。

報道陣を集めて、爆発現場のトイレ棟内も初めて見せた。

事故は3月28日に起きたが、追加写真の公表は約2カ月後、現場の公開は約3カ月後のことだった。

何が埋まっているか分からない

万博協会は24年6月24日、大阪市内で再び記者会見を開いた。会場予定地のメタンガス濃度のデータを分析したところ、GW工区での検出が目立った。トイレ棟の地下ピットでは、作業員をただちに退避させなければならない濃度が2月28日～5月31日に76回検出されたという。

その結果を踏まえ、会期中の対策について示した。

GW工区では爆発が起きたトイレ棟などの地下ピットや天井で、機械を使って排気・換気をする。ガスの検知器も新たに備える。便器や配管の周りはシールを貼るなどして隙間を埋め、地下ピットからガスが侵入しないようにする。屋外の一部のマンホールのふたには穴を開け、滞留するガスを空気中に逃がすとした。

ＧＷ工区に加えてＰＷ工区でもガス濃度を測り、万博協会のウェブサイトで会期中は数値を毎日伝える方針も示した。

ＧＷ工区の飲食店は火気を使わないことを条件にもともと募集しており、屋外イベントについても同じ対応を取るという。

万博協会は一連のメタンガス対策にかかる費用は36億円と試算し、その後の理事会で承認している。32億円は公費が３分の２を占める会場建設費、残りの４億円は運営費から支出するとした。

「かなりレベルの高い、フルスペックの対策だ」

整備局長の藁田は、自信をのぞかせた。

専門家は今回の対策についてどうみるのか、10月に取材した。

北海道大学名誉教授の松藤敏彦（廃棄物処理工学）は「廃棄物や焼却灰の埋め立て地からガスが発生するのは常識で、国内でも過去に事故が複数起きている。万博協会や施工者は、メタンガスの発生と対策についての認識が甘かった」と指摘する。

対策については閉鎖空間にガスが滞留しないよう考えられているとして、「対策は大体正しい。むしろやりすぎなくらいだ」とした。

夢洲については、埋め立てからあまり時間が経っておらずメタンガスが発生しやすい「若い埋め立て地」だと述べ、万博会場に選んだことに疑問を投げかけた。

「こういった事故のリスクについては本来、会場を決めるときに一番注意を払うべきだった。事故が起きてしまったからには、徹底的に対策をやるしかない」

国立環境研究所の上級主幹研究員を務める石垣智基（廃棄物工学）も、ガス濃度を毎日公表する対応は来場者の安心につながるとして、万博協会の対策を評価した。

ただ対策を評価するのは、1970年代から開発が始まった夢洲の埋め立ての記録が「正しい」という前提でのことだという。

「全国的に90年ごろまでにつくられた埋め立て地は、何が埋まっているか分からないブラックボックスのような状態だった。昔はゴミの焼却灰といっても、完全に灰になる前の『生焼け』状態で埋めていた例もある。浚渫土砂も、綺麗な土や砂とは限らない」（石垣）

GW工区は焼却灰など、PW工区は浚渫土砂などで埋め立てられている。

「焼却灰」や「浚渫土砂」という言葉のニュアンスが昔とは違うことも踏まえて、「いつでも、どこでもメタンが出てくる可能性があると認識して、メタンがあまり検知されていないエリアでも念のため検知器を設けるなどの対策があってもいい」と語った。

南海トラフ級の地震が起きたら

夢洲を万博会場に選んだことは、ガス爆発以外にもさまざまな課題を生んだ。保護者や教職員の心配ごとの一つが、災害が起こった場合の対応だった。

「南海トラフ地震発生の心配が増している」

大阪市教職員退職者会は２０２４年８月９日、市役所で会見を開き、地震の危険が高まった場合には子どもの無料招待事業を中止するよう市に求めた。

その前日には宮崎県日向灘沖で震度６弱の地震が起こった。気象庁が「南海トラフ地震臨時情報」を初めて出し、今後１週間は巨大地震に注意するよう呼びかけた。

大阪でも南海トラフ巨大地震がいつ来るか分からない。そんな不安が高まっていた。

万博協会は、災害発生時の応急対応をまとめた「防災基本計画」を23年12月、対策をより具体化した「防災実施計画」を24年9月に発表している。

計画では南海トラフ巨大地震が起こった場合、夢洲の最大震度は６弱で津波は最大５・４メートルと予測する。万博会場の高さまで約5メートル以上の余裕があり、「直接的な津波被害は生じない」との見方を示した。

ただ、夢洲につながる道路は北東側の橋と南東側のトンネルの計2本で、鉄道は大阪メトロ中央線のみだ。夢洲を行き来できる陸路はこの3ルートしかなく、一時的に島から出られなくなる可能性がある。

大規模な災害が起こった場合、鉄道の再開については大阪メトロが決める。道路については安全の確保ができた後、大阪府・大阪市（府市）が通行できるか確認する。

実施計画では、陸路の復旧を待つことが基本としている。一方で、傷病者がいれば船での輸送を府市に要請するほか、ヘリコプターでの輸送を関係機関に求めることも考えるとしている。

万博協会は夢洲が最長で3日間にわたって「孤立」し、約15万人が出られなくなる恐れがあるとみて、備えを進めている。

会場内の屋内で滞在できるスペースは、1人あたり畳一畳で計算すれば「約10万人分」という。スペースが足りなければ、大屋根リングの下など屋外での一時滞在も考える。

3日分の物資として60万食の食料を備え、会場内の飲食物と合わせて提供する方針だ。府市はこれとは別に、30万食の食料を夢洲で備蓄する考えも打ち出した。

実施計画ができた後、防災分野に関わる万博協会や府市職員10人ほどが定期的に府庁などで集まり、具体的な対応策をまとめたマニュアルづくりに取りかかった。

検討したのは、「情報収集・連絡態勢」「一時滞在施設」「帰宅支援」「物資の追送」「船舶の輸送支援」「航空機の輸送支援」「滞在時の医療体制」の7項目。特に時間をかけたのが、帰宅支援についてだった。

ワーキングチームをつくり、関係団体へのヒアリング結果などを会議のたびに報告し合った。例えばバス協会への聞き取りでは、「人の確保がやはり大変で課題になる」「どのルートを使えば良いのか経路が気になる」といった声が寄せられたという。

万博協会と府市はそれらを参考にして対策を考えつつ、協力してくれる団体や機関を増やし、災害時の役割分担や動き方の流れを図で示すという地道な作業を続けた。

府市職員には「南海トラフ巨大地震がもし起これば、夢洲だけでなく府内全域や他県も大きく被災しているだろう」という意識も常に頭にあった。

府危機管理室副理事の南道行は、朝日新聞の取材（24年11月）に言った。

「実際に南海トラフ級の災害が起こった時、夢洲だけに職員を割けるかと言えば、現実的に難しい。ただ事前に課題を見つけて必要な対策を形にして、頭あわせをしておけば、いざという時にスピード感を持って動くことができるはずだ」

台風・落雷・熱中症への対策は

実施計画では、台風や落雷への対応についても記している。

台風への対応では、18年に人工島の関西空港が浸水したケースなどを想定した。万博会場に最も接近する1~2日前には、営業時間の短縮や閉場などの対応を考えるとした。

落雷の恐れがあれば、大屋根リングの上部や、会場中心部に約1500本の木を植える「静けさの森」から退避するよう呼びかけ、場合によっては立ち入りを制限するとした。

大屋根リングの先端や手すりは、「水平導体」と呼ばれる雷を受け止めるアルミ製の板が設置されており、雷の電気は導線をつたって地中に流れるという。

万博協会の担当者は「リングの下の空間は、一般的な建物と同様の安全性が確保されている」と強調している。

一方、リングの上は高所なので落雷の可能性が高いとして、「速やかに階段などを使って避難してもらいたい」と呼びかける。

暑さへの備えも欠かせない。

気象庁のデータによると、大阪では24年7~9月、日中の最高気温が35度を超える「猛暑日」が41日あった。万博会場でも夏場は特に熱中症の危険性が高まるとみられ、実施計画では次のような対策が並んでいる。

・待機列に対する対策：来場日時を予約制にし、十分なゲート数を確保して待ち時間を減らす▽パビリオンにも予約制を導入する▽「遮熱性アスファルト」で路面温度を下げる
・会場内の日陰づくり：パラソルやシェードを置いて日陰をつくる▽混雑する場所に「スポットエアコン」を設置
・給水環境の整備：ウォーターサーバーや自動販売機を設置
・来場者への呼びかけ：万博公式アプリで熱中症関連の情報を発信する

熱中症のリスクは、その日の条件や場所によって変わる。対策の実効性をより高めるため、気象の状況をデジタル空間に再現する新技術「デジタルツイン」の活用も予定している。

神戸大学教授の大石哲（防災学）らは、万博会場の地形やパビリオンを3次元データにして、さらに気温や湿度、風向きのデータを加えて、スーパーコンピューターで翌日の熱中症リスクを算出する仕組みをつくった。5メートル四方のマス目ごとに、熱中症の危険度を色分けして示すことができる。

7〜8月の10日間で実証実験をして、「夏の蒸し暑い日には日陰よりも、風通しの良いところへ移動した方が涼しい場合もある」ということを確認した。

万博の会期中には、算出したデータを開業前に万博協会に提供する予定という。そのデータをもとに、休憩場所の設置や人を誘導する方法などを細かく変えて、熱中症のリスクを減らせればと考えている。

大石は朝日新聞の取材（24年11月）に「天候に合った涼しい環境づくりにつなげていきたい。快適とまでは言えないかもしれないが、万博を楽しんでもらいたい」と話した。

実効性のある訓練を

万博の開幕前では最後の「防災週間」にあたる24年9月2日午後。府咲洲庁舎（大阪市住之江区）50階に約60人の万博協会職員が集まり、初めての防災研修に臨んだ。

研修は、危機管理局長の小澤孝文のあいさつから始まった。

「大規模災害が発生し、夢洲で滞在せざるを得ない状況において、私たちが一時滞在施設の開設や備蓄食料の配布を行わなければならない。どうか各所属における防災意識の醸成につなげていただきたい」

職員は二つの班に分かれて、自動体外式除細動器（ＡＥＤ）の使い方と段ボールベッドの組み立て方を学んだ。

完成した段ボールベッドを見て「意外に簡単やな」とつぶやいたり、ＡＥＤの手順が分からなくなって「緊張した」と笑顔を見せたりと、和やかなムードで研修を終えた。

一方、万博協会の防災担当者は報道陣の囲み取材で表情を引き締めた。

「安心安全を前提とした事前計画と、訓練を踏まえてオペレーションを確認することが大事だと考えている」

防災訓練を重ねたことでスムーズな対応が取れた例として、東日本大震災の時の東京ディズニーリゾート（ＴＤＲ）が挙げられることがある。

ＴＤＲでは、建物やアトラクションごとに避難誘導を確認する訓練を年に約１８０回行っていた。震災直後も従業員が、園内の路上でうずくまる人たちの間を歩き回り、声をかけ続けた。

震災が起きた11年3月11日は、約2万人が園内で一夜を明かした。レストランなどの屋内施設が開放され、商品の菓子のほか、備蓄品のご飯やスープ、水が配られた。防寒のためにアルミブランケットや段ボールも提供された。

SNSでは「神対応」との声も上がった。

今回の万博でも、訓練を重ねれば同じような対応が取れるのか。

「TDRの場合は、直営でキャストの方を雇用しているので、対策が末端まですぐに届きやすく、研修や教育もできる。万博の場合は、実際にお客さんの対応をするのはパビリオン運営者やテナント事業者と細かく分かれている、という難しさがある」

兵庫県立大学准教授の紅谷昇平（都市防災）は朝日新聞の取材（24年11月）で、そう指摘した。

万博協会の広報担当者は「個々のパビリオンなどでの防災マニュアルは、それぞれで策定していただく」と説明する。

紅谷は「それぞれのパビリオンが雇っている人であれば、そのパビリオン以外のことは分からないと思う。会場全体の誘導についても頭に入れられるよう、各パビリオンで研修を進めていく必要がある。そのうえで、万博協会がリードして、各パビリオンも参加する全体の防災訓練が大事だ」と語った。

だが大阪市の担当者は朝日新聞の取材（24年11月）に、「万博協会がいつ訓練を実施するか、細かい日程は未定としか聞いていない」と話した。

防災計画、マニュアルづくり、さらには防災訓練と、開幕の半年ほど前から一気に進んだ対策は25年に入っても続く。

「万博の防災対策は、万博会場だけの問題ではない」（紅谷）という指摘もあるように、国内外の来場者にどう帰宅・帰国してもらうかが問われる。災害が起これば、府市が中心となって最後まで責任を負うことになる。

ある府幹部は「島で万博をやること自体が過去にないし、被害のパターンを想定しようにも限界はある」とする。一方、万博の5年後には同じ夢洲でIRの開業が予定されていることを踏まえて、こう話した。

「対策が難しいとばかり言っていても、仕方がない。『防災対策も万博のレガシーだ』と言ってもらえるよう、できることを着実に準備するしかない」

来場者の輸送問題

「会場の建設よりも難しい問題ではないか」（博覧会国際事務局〈BIE〉事務局長のディミトリ・ケルケンツェス）とされたのが、来場者の輸送だった。

夢洲へつながる陸路は大阪メトロ中央線と、南北1本ずつの道路しかない。多くの来場者が一気に来れば安全の確保などが難しくなるほか、市民らの通勤・通学・物流にも影響が生じかねない。

ある万博協会幹部はこぼした。

「夢洲へのアクセスルートが限られている分、ソフト面の対策で補わないといけない」

05年愛知万博では、時間別にみると来場者の約7割が午前中に来ていた。特に午前9時台には、2～3割が集中した。時期別では、全体の約3割が最後の1カ月間に訪れた。万博協会はそれを踏まえ、来場者が少ないと見込まれる時期については前売り入場券を安くした。原則として、来場日時の予約も義務づけた。

混雑を和らげるため、スーツケースなど大型荷物の会場への持ち込みも禁じた。府市としては、在宅勤務や時差出勤を企業に呼びかける「交通需要マネジメント（TDM）」に取り組んでいる。大阪メトロ中央線では会期中、朝のラッシュ時の混雑率が普段の2倍の140％に跳ね上がる見込みだが、TDMで120％まで抑えたい考えだ。

1万社から協力を得るのが目標だが、24年9月末時点では1400社にとどまった。経済界からは「何らかのインセンティブ（報酬）を考えては」（関西経済連合会会長の松本正義）との声も上がった。

万博のピーク時の1日あたりの来場者数は28・5万人を見込んでいたが、万博協会と府市の対策によって、22・7万人にまで抑えられる見込みという。

道路の渋滞を防ぐための取り組みも進めている。

夢洲の隣の人工島・舞洲や大阪府堺市、兵庫県尼崎市には大型の駐車場を設け、自家用車からシャトルバスに乗り換えるよう促す。

ETC（自動料金支払いシステム）を活用して自家用車の通行ルートを調べ、大阪市の中心部を避けていれば駐車場の料金を割引きするなどの対策も取り入れる。

夢洲への自家用車の乗り入れは禁じる。大阪の主要駅と会場を結ぶシャトルバス（10路線）や、関西空港や大阪（伊丹）空港からの直行バスを走らせる。

十分なバスが走るのか

だが、輸送の要となるバスの運転手はなかなか集まらなかった。

夢洲から数キロ圏内にある「JR桜島駅」（大阪市此花区）と万博会場を結ぶ「桜島ルート」は、大阪シティバスや近鉄バスなど計7社が70台を走らせ、1日あたり最大で1万8600人（24年10月時点の計画）を運ぶという。

主要な駅や空港から走るバスで1日あたり約2・6万人を運ぶ見通しのため、桜島ルートはその半分以上を占める「大動脈」となる。

桜島ルートには運転手180人が必要とされたが、開幕まで1年半を切った23年11月の時点では、100人ほど足りなかった。

万博協会は、全国から運転手を集める公募をするなどの対応を取り、24年9月には180人超を確保できる見通しとなった。両備ホールディングス（岡山市）は、大阪シティバスへ運転手20人を出向させる。

一方で、新幹線が通る「JR新大阪駅」（大阪市淀川区）と夢洲を結ぶルートなどは、来場者のニーズを満たす十分なバスが走らない恐れもある。

桜島ルート以外の路線には万博協会から補助金が出ず、バス事業者が運行本数などを決める仕組みになっているのが一つの要因だ。

万博協会が7月に示した計画では、JR新大阪駅で発着するルートを含む「淀川左岸線ルート」は、1日あたり5200人（119便）を運ぶ見込みになっていた。

だが8月に行った事業者へのアンケートの結果を受けて、10月には1日あたり2410人（58便）にまで想定を押し下げた。

「今の段階では確たる需要が見込めないので、バス会社も『堅い数字』を出している。開幕まで残り半年で万博が盛り上がれば、増便も考えられる」

万博協会幹部はそう前を向くが、事業者の判断にゆだねられるのが実情だ。

府市は万博中のタクシー不足を見込み、一般ドライバーが自家用車で利用者を運ぶ「ライドシェア」を広く認めることも求めてきた。

ライドシェアは、国内では24年4月に解禁された。だが、運行の管理はタクシー会社にしか認められず、地域や時間帯も限られた。

府内では大阪市、豊中市などに限られ、金曜日の午後4～7時台（240台）と、土曜日の午前0～3時台（420台）、午後4～7時台（240台）しか走れなかった。

府と大阪市は府内ならいつでもどこでも運行を認めることや、台数の制限を和らげることについて、政府に訴え続けてきた。8月には国土交通省と実務者での協議を始め、万博の会期中は1日あたり最大で約1880台のタクシーが足りなくなるという試算を示した。この時点では、9月上旬をメドに一定の結論を得たい考えだった。

だが、話し合いはなかなか進まなかった。

国交省と府市は12月19日、万博期間を含む25年4～10月に府内全域で24時間運行を認めることで合意した。開幕まで4カ月を切っていた。

府市と万博協会は、万博会場の近くでライドシェアの乗り入れを認める方針を決めた。ドライバーが待機できる場所なども設ける。

浮上したIR工事中断要求

夢洲への誘致が決まったIRをめぐっても、混乱が起きた。

維新が府と大阪市の両トップを握る「一強」は11年から続き、大阪湾岸部を活性化させるための目玉政策として、万博とIRの二兎を追ってきた。だが万博前にめざしたIRの開業がコロナ禍の影響などで30年秋ごろに後ずれし、ほころびが生じた。

火種がくすぶり始めたのは、万博の開幕が約1年後に迫った24年春ごろだった。

府市は万博協会に対して、万博の会期中にすぐ隣のIRの工事現場でクレーンが立ち並ぶ「イメージ図」を示したという。

今回の万博は初めて島で開かれ、「海の万博」をうたう。大屋根リングなどからの景観も、売りの一つだ。会期中には有名歌手のコンサートなどもあり、工事の騒音が聞こえれば、雰囲気が台無しになる恐れもある。万博協会会長の十倉雅和（経団連会長）らは反発を強めた。

ある万博協会幹部は、こう話した。

「国民の税金を使う万博より、（民間事業の）IRを優先するのか」

BIE事務局長のケルケンツェスも、強い懸念を抱いた。

各国に万博の情報を伝えるために奈良市で6月に開かれた国際参加者会議で、万博中のIR工事について府から知らされたという。

「話を聞いて驚き、『なにを言っているの？』という思いだった。IRの計画は知っていた。しかしなぜ、（IR施設本体の）建設を始めるのが25年4月なのか、と。バンバン音がするところで万博を開幕するとなったら、人々はどう思うだろうか」

「吉村知事は『騒音はありません』と言ったが、私の知る限り、建設の作業には騒音がつきものだ。ほこりや物流の心配もしている。夢洲に行くには、トンネルか橋を通るしかない。万博に加えてIR建設となれば、非常に混むだろう。だからすぐOKとは言わず、『私たちはこの問題に取り組む必要がある』と申し上げた」

ケルケンツェスは当時の心境について、後にそう振り返った。

万博協会会長の十倉あてに、24年7月24日付（パリ時間）で手紙も送った。直筆のサイ

BIE事務局長のディミトリ・ケルケンツェス＝2024年6月27日、東京都港区

ンも添えて、危機感をしたためた。

「日本の政府、自治体、民間企業は万博の成功に向けて、多大なる努力をしてきた。以前より物価が上がるなかで、各国も巨額の投資をしている。ＩＲの工事が行われれば、国際社会からの反発が懸念される」

翌日の午前11時15分。十倉ら経団連幹部は東京都内で、府知事の吉村と顔をつきあわせた。

十倉ら「ＩＲのための万博ではないかという報道もあるなか、せっかく（批判が）収まってきたのに、世論が『逆回転』することを危惧している。万博会期中の6カ月間は工事を止めないと、世論やＢＩＥが納得しない」

吉村「事業者とも話をしたが、どうしても6カ月工事を止めるのは、難しいという判断だ。いったん止めるとなれば、人手の確保や資材の高騰などもあり、ビジネスモデルとして成り立たなくなる可能性がある。なんとか、万博とＩＲを両立させたい」

十倉ら「万博とＩＲは目と鼻の先。騒音は主観的なもので、国際イベントの横で工事をするのはどうかと思う。もう一度（ＩＲ）事業者にぎりぎりのところまで（対策を）やったのか、詰めていただけないか。一番恐れるのは、レピュテーション（評判）リスクだ。国も経済界も金を拠出している」

関係者によると、会合ではそんなやりとりがあったという。

着地点を見いだせないまま、吉村は東京を離れた。

いまさら何を

こうした水面下の動きが表に出たのは、24年8月3日だった。朝日新聞が社会面トップの記事（大阪本社版）で、「万博中のＩＲ工事、中断要求　協会や財界幹部、景観を懸念」と報じた。

報道の2日後。府庁であった吉村への囲み取材では、質問が相次いだ。

吉村は現状について、こう説明した。

「着地点をなんとか見いだそうと、（関係者で）話をしている最中だ」

ＩＲの計画は国から認可を受けているうえ、たびたび報道もされてきたと強調した。

「（万博中の工事について十倉らが）認識されていると思っていた。完全にクローズで進んでいくのであれば、当然きちんと（十倉らに）報告ということになるが、全部最初からフルオープンで進めていることなので」

あるIR関係者によると、万博期間中ずっとIRの工事を中断した場合、補償などで100億円超の損失が出る恐れがあったという。

吉村は工事を中断する影響について「とてつもなく大きくなる」とした。一方で、損失を税金で補填することは否定した。

ある府市幹部は、一連の騒ぎに憤りを隠さなかった。

「IRの工事を万博期間中にすることは大前提で、議会などでも公に繰り返し議論してきた。いまさら何を言っているんですか、という話だ」

別の府幹部は「なんで、いまさらなんだ。これは万博協会の問題だ。部下（協会職員）が社長（十倉）に説明していなかっただけだろう」とこぼした。

一方で、府市の責任を指摘する声もあった。

ある万博協会幹部は、府市がこれまで理事会でしっかり説明してこなかったとして、「1年か2年早く吉村さんが説明して、頭を下げていれば終わっていた話だ」と突き放した。

溝は埋まらず、府市は苦しい立場に置かれた。

ちらつく解除権

府市がＩＲの工事中断に慎重な姿勢を取ったのは、ＩＲ事業者に「解除権」が認められていたからだ。

資金調達や土地の整備といった「事業前提条件」が整わないと判断すれば、違約金を払わずに事業から撤退できる権利だ。期限は26年9月とされた。

事業を担うのは、大阪ＩＲ株式会社。日本ＭＧＭリゾーツとオリックスが約43％ずつ、その他の企業が計約15％を出資する。

カジノのほか、グレードの異なる三つのホテル、国際会議場、展示場、ミュージアムなどを設ける計画で、初期の投資額だけでも約1兆2700億円に上る。

年間の来場者数は約2000万人、売り上げは約5200億円を見込む。カジノは全体の延べ床面積の約3％のみだが、スロットマシンなどの「電子ゲーム」が6400台、ポーカーなどの「テーブルゲーム」は470台が置かれ、ＩＲの全体収益の8割を稼ぐ想定だ。

経済波及効果は建設時に約1兆9100億円で、開業後は年約1兆1400億円。半年で終わる万博と違い、長年にわたって消費などを底上げすると見込まれる。雇用創出効果は建設時に約14万人で、開業後は9・3万人という。

さらに府市へは、IRへの入場料納入金・納付金として年約1060億円が転がり込み、福祉や教育にあてる算段となっている。

維新は「副首都」「東西2極の1極」「成長する大阪」といった方針を掲げ、巨大プロジェクトであるIRに大きな期待を寄せていた。当初は「IRは民設・民営で、公でお金を出すものではない」と説明していたが、地盤の液状化対策などが必要だと分かると、22年には最大788億円の公費負担まで決めた。

IRの解除権が使われて事業者が撤退すれば、維新創立者の橋下徹が誘致を掲げてからの「悲願」が水の泡になる。

それだけは、避けたかった。

吉村は「事業者による解除権の行使もあり得る」と話すなど、危機感を募らせた。

別の府市幹部も「下手にやれば本当に解除権を言い出しかねない。それは頭が痛い。工事を下手に止めるようなことはできない」とした。

ある府幹部は不満を漏らした。

「事業者からすれば工事をする前提で金を集めて計画も立てている。いきなり『ちゃぶ台返し』をされたら、こんな国でビジネスなんてできないと思われても仕方が無い」

騒動の終わり

話し合いの途中経過はほとんど表に出ず、水面下で調整が続いた。ある関係者によると、24年8月半ばごろには吉村、大阪市長の横山英幸、IR事業者幹部らがオンライン会議を開き、対応を改めて協議したという。

9月に入ると、関係者からは「いい方向に進んでいる」「(交渉が)決裂する感じはない。落ち着くところに落ち着くと思う」といった声が聞こえ始めた。吉村も4日の定例会見で、「最終調整をしている段階」と明かした。

それから6日後、騒動が終わりを迎える。

首相の岸田文雄や十倉らも参加した会合が官邸であり、吉村はIR工事による万博への影響を抑えるための対策について説明した。

対策は「工程調整」「交通」「騒音」「粉じん」「景観」の5項目で構成している。

建物の基礎を固めるために杭を地面に打ち込む工事は、万博会期の前半の5～6月ごろに始める予定だったが、2カ月ほど延期した。大型重機のエンジン音などが懸念された杭工事のピークを万博閉幕後にずらす策だった。

万博の来場者が増えると見込まれるゴールデンウィークやお盆、会期終盤には、工事をしない日を増やす。高さ2メートルの「万能塀」を工事現場の周りに立て、その一部には追加で約1メートルの防音シートなどを設ける。

大屋根リングから一部の機械や工事現場は見えるが、対策によって「見え方は限定的」(府市の担当者)になるという。

関係者が集まる「連絡調整会議」も立ち上げ、IRの工事による悪影響が生じた場合には素早く対策を講じるとした。

会合では、ケルケンツェスの手紙が代読された。

「IRの建設工事が万博に悪影響を及ぼさぬよう、一連の措置が示されたことを大変嬉しく思う」

一方で、対策の実効性には釘を刺した。

「連絡調整会議が有効に機能しなければ、万博の成功を危うくするだけではなく、参加国や万博への来場者からの強い反発があるかもしれない」

十倉も「万博開催に悪影響が生じないよう、対応の方向性が示された」などと評し、対策は賛同を得た。岸田は「しっかりと遺漏なきよう、関係者には緊密な連携のもと対応をお願いする」と述べた。

吉村は会合の後、安堵の表情を浮かべた。

「なかなかタフな協議だった。（万博期間中にずっと工事を中断すれば）極めて大きな影響が生じたと思う。そこは何とか回避できた」

大阪ＩＲ株式会社はこの日、府市が示した対策によって万博中も建設を進めるメドが立ったなどとして、解除権を失効（6日付）させたと発表した。

会合から1カ月半後の10月24日、ケルケンツェスが大阪府庁を訪れた。万博の運営について一部参加国などと話し合う会議を翌日に控え、来日していた。

吉村と会って笑顔で握手を交わし、こう言った。

「ＩＲ工事は、もはや問題ではなくなっている」

空白の5年間

それから1週間後の24年10月31日。大阪メトロ中央線の「夢洲駅」が初めて報道陣に公開された。

内装を手がけた大阪港トランスポートシステム（大阪市の第三セクター）の鉄道事業部長・森川一弘は、誇らしげに話した。

「夢洲は万博やIRの予定地でもあり、世界各国から利用客が訪れる。わくわくして地上に出られるよう、設計した」

夢洲駅（地下2階建て）は隣の人工島・咲洲にある終点駅「コスモスクエア駅」から3・2キロを延伸して建てられた。大阪市が800億円超を負担するなど、総額で約1000億円に上る見込みのプロジェクトが実を結んだ。

01年に着工したが、大阪への五輪誘致の失敗で工事が止まった時期もあり、完成まで四半世紀ほどかかった。

地下1階の改札階（幅17メートル、長さ190メートル）には16基の改札がずらりと並び、壁面の大型サイネージ（幅約55メートル、高さ約3メートル）が目を引く。災害時などに多くの人がとどまれるよう、柱はほとんどなくした。年齢や性別にかかわらず使える「オールジェンダートイレ」も設けた。

地下2階のホーム階（ホーム幅10メートル、長さ160メートル）の中央には門の形をした照明をいくつも設け、光のゲートを進むような演出を施した。天井はアルミニウムの素材を使って、運行ダイヤ図を「折り紙風」に表現している。

夢洲駅のホーム。天井は折り紙がモチーフという＝2024年10月31日、大阪市此花区

近未来を感じさせる夢洲駅は万博の会期中、フル稼働が見込まれる。来場者のピーク時には、1日あたり約13・3万人が使う想定となっている。

だが万博が終わった後は、利用者がぐんと減る可能性が高そうだ。IRの開業が30年秋ごろまでずれ込んだ結果、「空白の5年間」が生じるからだ。

万博とIRの二兎を追った計画が想定通りに進まなかった余波は、万博中のIR工事中断要請にとどまらず、夢洲駅の今後にも及んでいた。

府市大阪港湾局の担当者は、市議会常任委員会（24年3月）で説明した。

「（夢洲の）物流施設の従業員は約３００人。その従業員に加え、1日に数千人規模のＩＲ工事作業員の来訪が見込まれており、鉄道の利用も見込める」

一方、大阪メトロは「空白の5年間」の利用者数を算出していないという（24年11月時点）。

広報担当者はこう話した。

「たしかに万博後の数年は利用者が少ない時期はあるだろう。ただ20年という長期で見れば、全体で黒字化できる」

リングは残すべきか

ＩＲを生かした「国際観光拠点」をめざす夢洲の開発は、どう進むのか。

府市はコンテナターミナルなどを除いた夢洲の中心部を「観光・産業エリア」としている。北から「1期」（70ヘクタール）、「2期」（50ヘクタール）、「3期」（40ヘクタール）に分けて、開発の計画をつくっている。

ＩＲ予定地が「1期」のほとんどを占め、万博会場の中心部が「2期」にあたる。

府市が2期開発について23年に市場調査をすると、サーキット場、野外ライブ会場、ホテル、商業施設といった提案が計11事業者から寄せられた。その結果も踏まえて、2期開発の方向性を示す「マスタープラン」を万博の開幕前に公表する考えだ。

万博の跡地に関する議論で注目されるのが、大屋根リングだ。

万博協会がリングの利活用法を24年2月に募ると、自治体や大手ゼネコン、木材加工メーカーなど20者から提案があった。このうち有力とみた13者に聞き取りをして、建材として再利用が見込めるのは、全体の約2割（約6000立方メートル）と試算した。価格については、「ほぼ無料」との声が多かったという。

「リングは圧倒的な存在感ですから、おそらく来場される方は『これは残すべきだ』ってなると思う。いろいろ課題はあるけれど、一部を残してレガシー（遺産）にしていく方がいいんじゃないか」

府知事の吉村は4月、出演したテレビ番組でそう語った。

リングを完全に残すなら、防火対策などで「300億円程度かかる」（関係者）という声も出ている。それは現実的ではないとして、リングの一部をモニュメントとして残す案も万博関係者らから聞かれる。

報道公開された静けさの森＝2024年10月11日、大阪市此花区

大阪市の担当者は「リングをすべて残すなら、関係機関とさらなる調整も必要になる。マスタープランで、リングの活用案をどこまで書き込めるか分からない」と話した。

市は万博が終わる頃、2期開発を担う事業者を募り始め、27年春には万博会場の跡地を引き渡したい考えだ。だが、ある幹部は不安も口にする。

「事業者が見つかるかどうかも、課題になるかもしれない」

会場中心部に約1500本の木を植える「静けさの森」についても、保存を望む声が上がった。来場者の憩いの場となり、弁当を食べても良いという。完成が近づくにつれて多くのトンボが飛ぶなど、生物たちも森に集い始めていた。

静けさの森をデザインした忽那《くつな》裕樹は24年10月11日、夢洲で報道陣に語った。

「万博協会との約束事としては、（閉幕後に）更地にして返すという話だったが、『そんなことやったら、いのち輝かへんやろ』と。個人的にはこの森をレガシーとして残して、緑が真ん中にある街の未来を描いていくべきだと思っている」

「お荷物」のレガシー

ただ、過去の万博のレガシーを残す試みは、成功したとは言いがたい。

1990年に国際花と緑の博覧会（花博）が開かれた鶴見緑地（大阪市鶴見区・守口市）では、展望台を備えた「いのちの塔」（高さ約90メートル）が、緑地運営の「お荷物」になってきた。

いのちの塔は2010年、採算が取れずに閉鎖して、その後は放置されている。内部は雨漏りがひどく、エレベーターも故障で動かない。

20年度から公園の管理を請け負う大和リースなどによると、解体には約4億円かかるという。委託した大阪市も「耐震性に問題はないので……」と対応の先送りを続ける。

いのちの塔のそばには、松下電器産業（現パナソニック）の創業者・松下幸之助が花博後に市に寄贈した国際陳列館（花博記念ホール）も残っている。

だがホールの近年の稼働率は、3割に満たない。22年度は25・6％、23年度も29・8％

いのちの塔＝2022年９月30日、大阪市鶴見区

で、ボクシングの試合や地元のカラオケ大会で使われたという。

古くなった空調の設備などは修理しないといけないが、30年以上前につくられた機材なので、部品が手に入らない。機材を交換するには壁やドアを壊す必要もあり、コストは約2億円に上るとされる。

数年前には、国際園芸博を27年に開く横浜市の担当者が視察に来て、花博のレガシー遺構の現状などを尋ねて帰ったという。応対した大和リースの社員は「花博後に残った施設には、将来の用途や老朽化対策への考慮が甘かったものもある」と話す。

24年7月に鶴見緑地を訪れた奈良県の男性は印象をこう述べた。

「いくつかの建物は廃墟のようだ。放置期間が長引けば、修理費もかさむ。イベント後の建物の処理は、来年の万博でも問題になるだろう」

大阪市によると、鶴見緑地には花博のレガシー遺構が八つある。産官学でつくる「懇話会」が、花博の開幕直後に保存を市に提言したという。

だが市は社会のニーズの変化などを踏まえ、いのちの塔や花博記念ホールなど6施設について、「利活用が困難な場合は撤去もやむをえない」とする報告書を19年にまとめている。

市はレガシー遺構を含めた鶴見緑地の管理委託料として、年6億円余りを大和リースなどに払っている。事実上、緑地の維持費だ。

大和リースなどは新たな店舗を誘致するなどの集客策で収支の黒字化を狙うが、22年度は約4600万円、23年度も、新設した施設に絡む汚染土の処理費用がかさんで約2億円の赤字に終わった。

万博の成功なくして

1970年の大阪万博の会場になった万博記念公園（大阪府吹田市）も苦戦している。年間200万人超が訪れるが、運営は赤字が続く。

芸術家・岡本太郎が設計したシンボル「太陽の塔」は長く閉鎖されていたが、耐震工事

太陽の塔＝2022年８月16日、大阪府吹田市

を経て２０１８年から内部に入れるようになった。当時の府知事の松井一郎が世界遺産登録をめざす考えを示し、20年には国の登録有形文化財にもなった。

府は現在、吉本興業などに管理を任せている。

当初は吉本側に委託料を払わない契約だったが赤字が続き、府は20～21年度にコロナ対策を理由として、計約13億円を補塡している。

コロナ後の22年度には、赤字は約3億２０００万円にまで広がった。吉本興業などは「今後の運営を断念することも避けられない」という報告書も示した。

24年8月、妻と小学生の息子と来園した府内の自営業男性は「(太陽の塔など)実物が残っていると、実際に万博があったということを体感できていい」と話した。だが大阪・関西万博の遺構を残すことは全面的には賛成でないといい、「負の遺産にならぬよう、来場者のリアクションを見て、保存の要否を判断してもいいのではないか」と述べた。

一方、府知事の吉村は夢洲駅への新たな鉄道ルートの検討会設立について発表した10月3日、報道陣にこう誇った。

「夢洲は、負の遺産から変わりました」

府市や鉄道事業者は、万博が終わる頃までに検討の結果を取りまとめるという。ＪＲ大阪駅から南西1～2キロにある「京阪電鉄中之島駅」（大阪市北区）と、ユニバーサル・スタジオ・ジャパンの最寄りの「ＪＲ桜島駅」からは、夢洲への直通ルートも考えている。

夢洲が万博で知名度を上げ、ＩＲの開業によってより多くの投資を呼び込めれば、維新がめざしてきた「負の遺産」からの脱却は進むのかもしれない。万博のレガシー遺構を残して生かす道が、見つかる可能性もある。

だが、ある市幹部は冷静に状況を見つめている。

「もし万博が失敗して赤字にでもなれば、夢洲へのマイナスイメージが間違いなく付く。万博の成功なくして、夢洲開発の道は開けないだろう」

第5章

万博への直言

ヒットを生み出すには　あふれる万博愛で明かす極意

熱烈な万博ファンを自任するシンガー・ソングライターの嘉門タツオさんは、万博の魅力や盛り上がりをどう見ているのか。数多くのヒット曲を生み出した経験から、集客のヒントも聞いた。（2024年9月取材）

――1970年の大阪万博（吹田市）の時は、隣接する茨木市の小学6年生で、21回見に行ったそうですね。何がそんなに魅力的だったのですか。

まず何より、会場にあふれていた未来都市のイメージです。見たことのないデザインの建築物や、未来を具現化してくれたワイヤレス電話などの展示物は今でも覚えています。その場にいるだけで心が高揚しました。同時に、外国との交流も魅力でした。学校の友達の間では、会場で一般の外国人のサインを集めるのがはやりました。

――21回の訪問は多すぎませんか。

36回見に行った同級生もいました。ただ、私も最後の10回ほどは、各パビリオンを回って無料のバッジを集めるのを目的にしていました。コインなどの記念品を受け取れるゲームを置いていた企業のパビリオンも人気で、「タダで何かをもらえる」というのは、子どもが引きつけられた要素の一つだと思います。

――亡くなった親友と共有した万博愛が読み取れる著書『た・か・く・ら』で、自身の価値判断の基準を「オモロいかオモロないか」だと記しています。２０２５年の大阪・関西万博について感じることはありますか。

盛り上がりはまだ感じられませんね。ただ、70年万博も当初は反対運動などがあり、日本中が成功を予想していたわけではありませんでした。開幕からしばらくして、口コミなどによって、じわじわと来場者が増えたのです。日本経済はすでに成熟し、70年当時の「どこまで伸びるのか」という勢いはなくなっていますが、世界にアピールできることはまだまだあると思います。

実は、今回の万博の追い風にしたいと考え、応援歌をつくりました。ダウン・タウン・ブギウギ・バンドのヒット曲「港のヨ

シンガー・ソングライター
嘉門タツオさん
略歴：かもん・たつお。1959年生まれ。83年にレコードデビュー。2025年３月には新作アルバム「至福の楽園〜歌と笑いのパラダイス〜」をリリース予定。

ーコ・ヨコハマ・ヨコスカ」のメロディーに乗せ、４番まで歌詞があります。１番は70年万博の思い出、２番で大阪の笑い、３番で大阪の食べ物、４番で木造建築物リングなどの紹介、といった内容です。万博のおもしろさを歌で伝えたいと思っています。

――これまでの作品づくりで大切にしてきたことはありますか。

誰もが違和感を抱いていることについて、正面から否定はせず、歌を使ってそのおもしろみを描写するということです。多くの人が「そうだ、そうだ」と感じていることを歌で表現したいと思っています。歌にすることで、内容が広く伝わり、記憶にとどめてもらえるようにもなります。

――今回の万博では、70年万博の成功にとらわれる余り、独創性に欠けるのではないかという指摘もあります。「替え唄メドレー」などの続編を出す時に気をつけてきたことはありますか。

歌詞を今の時代に合った内容にすることです。時事性を大事にし、歌うテーマも多くの人が関心を抱いていそうな内容を選びつつ、マニアックにはなりすぎないようにしています。作品をつくる過程で、他の人と色々な会話をすることも大切だと思います。

宣伝は人気キャラの波及力に期待

2025年日本国際博覧会協会（万博協会）は20年2月、大阪・関西万博の宣伝を担うアンバサダー（大使）役を、ミュージシャンのコブクロや、お笑いコンビのダウンタウン、宝塚歌劇団など6組に委嘱した。コブクロは22年7月に公式テーマ曲「この地球《ほし》の続きを」を発表したが、24年秋の時点で、過去の万博でつくられた英語版はなく、海外への訴求力不足を指摘する声もある。万博協会はまた、キャラクターのポケットモンスターやハローキティ、くまモンに加え、大阪ゆかりの芸能人ら計16組（24年10月末時点）をスペシャルサポーターに任命。それぞれのファンに向けた万博の宣伝を頼んでいる。

万博でもうかるのは誰か　経済波及効果を取り込む策とは

大阪・関西万博には3兆円近い経済波及効果があると、日本政府が主張している。大企業に偏らず、中小企業や地域が潤う方策はあるのだろうか。大阪のシンクタンク「アジア

太平洋研究所」で、同じく試算を行った大阪経済大学の下山朗教授に聞いた。（2024年7月取材）

——経済産業省は2024年3月、万博による国内経済への波及効果が全国で約2・9兆円だと発表しました。下山さんたちの研究でも効果は2・7兆円～3兆円超ですが、金額が大きすぎないですか。

今回の万博では会場の建設や運営、関連のインフラ整備などに計7275億円（うち国は1620億円、大阪府・市は1344億円、万博協会は1160億円）が費やされます。このほか、私たちは国内外の来場者が使う入場料や宿泊代などを計8913億円と想定し、万博に投下されるお金の総額が約1・6兆円になると考えています。

経済波及効果はこうした投下総額をもとに、産業ごとの取引の流れを示す「産業連関表」を使って算出します。私たちは、投下総額の大半を占める来場者の消費予想額をより丁寧に算出しており、現実に近い数値になっていると考えています。

——金額が独り歩きしている印象ですが、どんな業種や会社が利益を得られるのでしょうか。

直接的に潤うのは、建設や観光業です。観光業には、運輸、宿泊、飲食、シーツやタオルを扱うリネン業なども含まれます。こうした業界に商品やサービスを提供する会社は、その規模に関係なく、受注量が増えるでしょう。一方で、みやげ物をのぞけば、町工場などの製造業には、恩恵が及びにくいと思います。

――万博開催の機運が高まっていません。なぜだと思いますか。

産業界が万博をビジネスチャンスにつなげる方法や、市民がそのために果たせる役割について、万博協会や行政機関が十分に説明していないことが一因だと思います。例えば、町工場が集まる大阪府東大阪市や八尾市、堺市などでは、地元業者が万博を見に来る外国人観光客を自社工場に招き、地元産品をアピールしようとしています。

これに対し、万博協会や多くの自治体は、万博に送り込む地元住民の人数を確保することに必死で、こうした外国人の誘客や、地元産業の対外宣伝、工場訪問体験ツアーなどのもうかる仕組みづくりに力を割けていません。

――関西経済が、万博がらみの公共投資や来

大阪経済大学教授　下山朗さん

略歴：しもやま・あきら。1978年生まれ。奈良県立大学教授などを経て現職。アジア太平洋研究所のプロジェクトにも参画している。

場者の消費を最大限取り込むには何が必要ですか。

来場者数を増やすことや、近隣の地域への延泊を促す仕掛けづくりはもちろん大切ですが、それ以外に、建設や観光客の受け入れに関して必要となる原材料やスタッフを、地元で調達する割合「域内調達率」を高めることも重要です。

――関西の産業界からは、万博にからむ利益の取りこぼしを懸念する声が出ています。

私は今回の万博が、関西の人々にとって、地元の魅力を再評価できる機会になればいいと思っています。それは、特産品や観光地としての地元の魅力を再評価する動きにもつながります。一方で、関西の各自治体など行政機関は、万博で関西を訪れる観光客が日本ファン、関西ファンになり、将来のリピーターに育つよう力を注ぐ必要があります。現状の取り組みではまだまだ不足です。

来場者も経済波及効果の主な源泉

経産省がはじく大阪・関西万博の経済波及効果は、万博協会の来場者予想（国内客2470万人と海外のインバウンド客350万人）をよりどころにする。万博協会は、国内客の6割強に当たる1560万人が、関西広域エリアから訪れると見込む。しかし、近畿の2府4県に鳥取、徳島両県を加えた同エリアの総人口は2160万人で、おおむね4人に3人が訪れないと目標には達しない。協会は、一定数のリピーターに加え、小中高など学校行事で訪れる子どももいるとして、目標の達成は可能だという立場をとる。ただ、こうした子どもの入場料が公費でまかなわれていることには留意が必要だ。

万博で商店街がもうけるには　なにわ商人がみる秘策と課題

大阪・関西万博を日本がもうかるイベントにできるかは、経済界の大きな関心事だ。大阪府下の商店街をまとめる千田忠司さんに課題やアイデアを聞いた。（2024年7月取材）

——万博開催の機運が、地元の大阪ですら盛り上がっていません。大阪府内の約150商店街（計約7200店舗）が加盟する振興組合連合会を率いる立場として、各商店主の意向をどうみますか。

大阪市内の商店街は別として、府下の多くの商店街は万博がもたらす効果について、まだピンときていない印象です。私は各商店街の幹部が集まる会合で、インバウンド客の消費を売り上げにつなげるため、万博関連のポスターの掲示やキャッシュレス決済ができるシステム端末の導入を呼びかけています。でも、商店主らの反応は芳しくありません。万博に関する詳しい情報が入っていないこともあって、「万博はもうけにはつながらない」「インバウンド客が来たらややこしい」と考える人もいるのです。

――ややこしい、ですか。

インバウンド客を相手にした経験のない商店街には「外国人に売れる商品を扱っていない」という思い込みや、オーバーツーリズム（観光公害）など負の側面だけに目を向け、巻き込まれたくないと考える気持ちが強いのです。とりわけ、高齢の商店街幹部らは、少子高齢化で国内客の需要が減る中でも、インバウンド客を新たな顧客として考えられていません。

――万博協会から各商店街への要請や、働きかけはないのですか。

開催機運の低さには、万博協会の対応も影響していると感じます。例えば、商店街のイベントで、万博の公式キャラクターのミャクミャクや、コブクロの歌うテーマ曲を使おうとしても、手続きが煩雑で利用条件も厳しく、使いづらいのです。

――千田さんたちミナミの「千日前道具屋筋商店街」などは、万博の1000日前から1000日の節目ごとに関連イベントを開いてきました。万博を応援する理由は何ですか。

せっかく国内外の観光客が集まる万博というイベントがあるのだから、なるべく便乗し、ミナミを目立たせて、多くの人に訪れてもらいたいと考えているためです。何の努力もしない場所に、お客さんは来てくれませんよ。私たちは、色んなお客さんに大阪に来てもらい、良質のおもてなしを受けてファンになってもらいたい。そのうえで、リピーターとして再訪してもらいたいと考えているのです。

大阪府・市の商店街振興団体トップ　千田忠司さん
略歴：せんだ・ただし。1950年生まれ。大阪・ミナミの食器店社長。過去20年にわたって街づくりや留学生支援に尽力してきた。

――万博協会は、開催目的に「日本の魅力の再発見」も挙げています。ミナミはかねてインバウンド客に人気ですが、大阪の他の商店街は万博中にインバウンド客を取り込めそうでしょうか。

今のままだと難しいと思います。府内の多くの商店街では、対外宣伝が足りていません。

――万博協会が想定するインバウンド客の来

場は半年で350万人です。

現在の訪日状況を考えれば、より多くのインバウンド客が万博を訪れるでしょう。でも、万博協会がインバウンド客の実情に沿った対応をしなければ、大きな利益の取りこぼしが起きるうえ、訪日リピーターの育成にもつながらないと感じます。協会には胸襟を開き、私たち地元市民と協力して万博を盛り上げる姿勢を持ってもらいたいです。

低い機運、宣伝も難航

大阪・関西万博をめぐり、大阪商工会議所などは「まちごと万博」という事前イベントを続けてきた。万博を、地域の魅力アピールや新たなビジネスにつなげる試みだ。各地の起業家らが関連イベントのアイデアなどを語り合う「EXPO酒場」や、新たな大阪土産を創作する「大阪ええYOKAN」といった試みがある。ただ、大商関係者は、万博協会が万博会場外でのイベントには積極的でないと感じてきた。イベント業者からも「万博を日本中で盛り上げる仕組みが無い」と嘆く声が漏れている。

万博に外国人客を呼ぶためには「SNSで100倍PRを」

大阪・関西万博の想定来場者数は2820万人。そのうち350万人が海外からの来場と見込まれている。インバウンド向け旅行会社「ありがとうトラベル」のCEOアン・カイルさんは「万博の海外での認知度はまだ低い」と語る。（2024年10月取材）

——海外の人たちは、来年日本で万博があることを知っていますか。

一般の人にはほとんど知られていません。今回の万博のテーマは「いのち輝く未来社会のデザイン」ですが、例えば、「食」がテーマだった2015年のイタリア・ミラノ万博と比較すると、なじみがないでしょう。また、PRも不十分です。海外にアピールするためにも、SNSを使って今の100倍はPRすべきです。

インバウンド旅行会社の代表
アン・カイルさん
略歴：Anne Kyle。1978年フィリピン生まれ。12歳の頃に日本を旅行。2016年、ありがとうトラベルの前身を設立。
（写真は本人提供）

――ホームページはどうですか。

ごちゃごちゃしていて、集中できませんでした。海外の人も、万博が日本で開催されると知ったら、まずチェックするのが公式サイトです。今のままでは、万博で何が見られるのかがわからず、せっかく存在を知ったのに行こうという気持ちにはなりません。

――日本に来る外国人は何に魅力を感じているのでしょうか。

日本食、神社、アニメなど、「日本的」なものです。日本は伝統的な側面がある一方で、最先端の技術もある。安全性も旅行者にとってはありがたい。日本は口コミの評価が高いし、何度も訪れる人が多いです。SNSの力は強く、若いインフルエンサーが日本をPRしたことで、若年層の旅行者も増えました。万博ももっとSNSを活用すべきです。

――外国人にとって、万博は日本に行く理由の一つになりそうですか。

万博が日本旅行の主な動機にはならないと思います。まず、やはりテーマがわかりづらいというのがあります。また、大きなホールがあって、人であふれかえっていて、という万博は、休暇のイメージからはかけ離れています。

――とはいえ、常に混んでいるテーマパークは海外の人にも人気です。

確かに、ユニバーサル・スタジオ・ジャパン（USJ）は大阪を訪れるほとんどの外国人が行くようなスポットです。テーマパークは小さい頃に見た映画やゲームの世界が広がっている。個人レベルでつながりがあると感じられるため、長蛇の列があっても行こうと思えるのです。一方、万博は何を期待していいのか、わかりづらいですよね。

――ＵＳＪは万博会場から近いです。ついでに万博に行こうという人はいると思いますか。

その可能性は大いにあります。ただ人混みに疲れた後に、混んでいる万博に行くと、二重のトラウマになってしまうかもしれません。

――今回の万博で魅力を感じるものは。

一番は食に関するパビリオンです。私たちのツアーのなかでも、道頓堀のフードツアーが一番人気です。万博で食べられるものをアピールすれば、多くの外国人も引きつけられると思います。

――どうしたらさらに多くの外国人観光客が万博に訪れるでしょうか。

他の魅力的なものと組み合わせてみるのはどうでしょうか。万博とセットで、観光スポットの割引を受けられるようにする、という手もあるかもしれませんね。

コロナ後、観光客は急増も……

日本を訪れる外国人の数は、コロナ禍を経て回復してきている。日本政府観光局によると、2021年に約25万人にとどまった訪日外国人数は、23年に約2500万人まで急増した。24年も増加傾向が続いている。万博協会は、フランスや中国などのイベントに万博のPRブースを出展。公式キャラクターの「ミャクミャク」の着ぐるみを連れて行くなど、海外でのプロモーション活動を行っている。

ノスタルジーと維新政治の帰結　大阪万博の「失敗」を予言

『大阪・関西万博「失敗」の本質』。こんなタイトルの本が2024年8月、ちくま新書から出版された。編著者で、関西を拠点に活動するノンフィクション・ライターの松本創さんに意図を尋ねた。（2024年8月取材）

――開幕前にもかかわらず、「失敗」と銘打ったのはなぜですか。

私も共著者たちも失敗を願っているわけではありません。ただ、会場建設費の膨張やパ

ビリオンの建設遅れなど深刻なトラブルが続出している現状を見れば、準備段階での失敗は明らかです。

東京五輪もそうでしたが、国威発揚型のメガイベントは、終われば「開催してよかった」という空気がなんとなく生まれます。成功の基準もなく、評価はいくらでも恣意的に語られます。不透明な意思決定や、なし崩し的に進められた事業の過程が詳細に検証されることはほぼありません。そうなる前に、あえて「失敗」という視点で批判的に問題点を検証し、指摘しておくことが不可欠だと考えました。

ノンフィクション・ライター
松本創さん
略歴：まつもと・はじむ。1970年生まれ。神戸新聞記者を経てフリーに。著書に『軌道』『誰が「橋下徹」をつくったか』など。

――開催意義にも疑問を投げかけています。

「いのち輝く未来社会のデザイン」とのテーマが掲げられていますが、結局のところ、故堺屋太一氏に代表される70年万博への「ノスタルジー」と、それを利用しようとした維新の会の「政治的思惑」が合わさって実現したのが、今回の万博だと考えるからです。

維新の中心人物で、大阪府知事時代に誘致

を推し進めた松井一郎氏の著書には、２０１３年に維新トップの橋下徹氏と維新ブレーンの堺屋氏の３人で会食した際、堺屋氏が官僚時代に深く関わった70年万博の成功体験を踏まえ、「もう一度大阪で万博を」と提案したという逸話が記されています。

他方で維新は、バブル崩壊後に頓挫した大阪市の湾岸エリア開発に乗り気でした。10年代にカジノを含む統合型リゾート（ＩＲ）の誘致計画を推し進め、夢洲での立地を決めました。万博会場を夢洲にしたのも、挫折した湾岸開発の延長線上にあります。

こうした事情から、今回の万博において「誰のため、何のため」という理念や意義が見いだしにくく、関心が高まらないのは必然と言えます。

――失敗を避ける余地はあるのでしょうか。

どうでしょう。ただ、既に表面化した問題を事前に回避するポイントはあったと考えます。まず、松井氏の提案通りに夢洲を会場に決めたこと。軟弱地盤、地中の可燃性ガス、交通事情の悪さは関係者の共通認識だったはずです。建設遅れや費用膨張、ガス爆発はすべて夢洲に起因します。他にも、資金繰りがうまくいかなくなった時点で、万博協会の事務総長らの交代を含めて組織を立て直すべきでしたし、直近では、能登半島地震を受けて開幕を延期し、工期などを再検討することもできたはずです。

――なぜ軌道修正できないのでしょうか。

一つは、大阪府・市の両トップが維新、両議会でも維新が圧倒的多数を占める「一強体制」の下で、政と官の線引きが失われているからです。

もう一つは、万博協会の悪しき官僚体質です。省庁や府・市、民間からの寄せ集めで、かつ縦割り組織ゆえに重要な連絡・調整がうまくいかず、責任の所在も不明確。対外的にも閉鎖的で、トラブルが起きても非を認めようとしない。そんな日本的組織のダメなところばかりが目に付きます。

このままでは本当に失敗するでしょう。

「万博に行く」は3割前後　観光業界も静観

三菱総研が2024年4月に全国の約3000人に行ったネット調査では、万博に行きたいと考える人は全国平均で27％だった。最高は京阪神圏の43・5％で、首都圏は22・3％、中京圏は28・5％と低調だった。また、日本旅行業協会が旅行会社やホテル、輸送業者らを対象に続けるインバウンド旅行関連の調査で、万博を契機にインバウンド客の誘致を検討しているという回答は、24年1月時点で31％に過ぎなかった。

業界が抱く万博への期待の薄さが透ける数値だ。

レガシーは大阪に継承されているか　日本が率いた万博の変化

万博は時代とともに、開催の目的や展示のあり方が移り変わってきた。その変化をリードしてきたのは日本だ。万博研究者の岡田朋之・関西大学教授はこう語りつつ、レガシー（遺産）が大阪・関西万博に継承されていないと警鐘を鳴らす。その真意を聞いた。（2024年8月取材）

――ネット経由で情報が得られる現代に、万博を開く意味は大きくないという指摘があります。

私は2005年の愛知万博以降、世界の八つの万博を視察しました。日本のパビリオンは多くの万博で、ドイツ館と並んでクオリティーが高く、来場者に好評でした。

かつての万博は国威発揚の機会でした。でも、愛知万博以降は、各国が地球の気候変動など世界規模の課題をどう受け止め、解決しようとしているのかを披露する場に変わっています。パビリオンも、来場者に同じ内容を見せる形から、個人の属性ごとにアレンジした物語を提供する双方向の参加型が増えています。

——変化はなぜ起きたのですか。

出展者側が、来場者に地球や人類の直面する課題を理解してもらい、「学び」を持って帰ってもらいたいという意識を強めた結果だと思います。日本は長年、こうした万博の変化をリードしてきました。１９７０年の大阪万博では、西洋的な「進歩」の概念に初めて、「調和」という考え方を加えました。90年の国際花と緑の博覧会（大阪花博）でも、「自然と人間との共生」という東洋的な理念をテーマに据えました。それを引き継いだのが、「自然の叡智《えいち》」をテーマにうたって環境負荷への提言を進めるとともに、万博に絡む意思決定プロセスの情報公開や市民参加を重視した愛知万博でした。

関西大学教授　岡田朋之さん
略歴：おかだ・ともゆき。1965年生まれ。専攻はメディア論・文化社会学。共著に愛知万博を扱った『私の愛した地球博』。

——大阪・関西万博で日本のレガシーは引き継がれていると思いますか。

万博協会や関係事業者などの話を聞いていると、70年万博の成功体験にとらわれすぎているためか、日本の蓄積してきた開催ノウハウや人気パビリオンを生み出した経験などがうまく継承されていない印象を受けます。また、現場のスタッフが現状の問題点を理解している一方で、決定権のある政界や万博協会の幹部にそれらがうまく伝わっておらず、悩んでいるようだとも感じました。

――万博の開催機運の低さが指摘されます。

大阪での万博開催の決定後、万博協会による事前の説明や宣伝が圧倒的に不足しています。元凶は、万博誘致を進めた政治家が「そもそも大阪や関西、そして日本は世界的な課題の解決にどんな役割を果たすつもりなのか」という基本的な理念を語っていないことにあります。

――今回の万博について、成否を判断するよい物差しはありますか。

まずは、一定の収益を上げ、閉幕後も万博で掲げたテーマの研究や宣伝を担う公益団体に資金を残すことが重要です。収益を得るうえで最も大切なのが十分な来場者の確保です。政治家や万博協会は知恵を出し合い、早急かつ具体的に開催理念をアピールするべきです。

海外の万博では閉幕後も、国境を越えて引き寄せられたNGOなどが連携し、万博の理念に沿った社会活動を続けています。巨額の公的資金が注がれる今回の万博が、もしそうした機会を提供できないなら、もったいないという言葉に尽きます。

万博の収支、来場者数が左右

2005年の愛知万博（来場者2205万人）以降の大型万博（登録博）では、10年の中国・上海が7308万人、15年のイタリア・ミラノが2150万人と、いずれも事前想定を上回る来場者を集めることに成功し、収支も黒字だった。21〜22年のアラブ首長国連邦・ドバイも、コロナ禍で延期を強いられながら、事前想定（2500万人）に近い2410万人を呼び込んだ。一方で、00年のドイツ・ハノーバー万博は、来場者が1810万人で想定の半分以下にとどまり、1200億円の赤字に終わった。

開催の大義こそ成功のカギ　「万博のプロ」が見る課題

大阪・関西万博で、イベント会社経営の澤田裕二さんは、「テーマ事業ディレクター」を任されている。澤田さんは国内外の博覧会に関わってきた「万博のプロ」だ。開催機運の低さを打開できる策があるかを聞いた。（2024年7月取材）

――今回の万博ではどんな仕事をしていますか。

万博では、海外の参加国や企業に加え、主催者の万博協会も独自のパビリオンを設け、関連イベントを行います。私は、万博協会からテーマを表現するパビリオンやイベントづくりを託された映画監督ら8人のプロデューサーと相談しながら、必要なスタッフを紹介するなどの支援をしています。

――万博には巨額の公的資金が注がれますが、「万博村」のような業界があるのですか。

1981年の「神戸ポートアイランド博覧会」が成功した後、90年代に日本各地で大型の地方博覧会が相次ぎました。でも、主催する自治体や出展企業が、博覧会の運営やパビリオンづくりのノウハウを持っていたわけではありません。彼らは展示やイベントの企画にたけた大手広告会社のほか、国際見本市などの展示デザインや運営を担っていたイベント・展示会社に実務を担わせました。

博展《はくてん》と呼ばれる業界です。この業界の人たちは自治体や企業と相談しつつ、パビリオンの企画やデザイン、イベントの演目なども、考えてきたのです。業界が培ったノウハウは、日本各地のテーマパークの設計や建設などにも生かされてきました。

――今回の万博は、開催機運が低調です。

博覧会に対する市民の関心を高めるには二つの方法があります。一つ目は、博覧会が意味ある事業だと伝えることです。二つ目は、魅力的で見る価値のある展示やイベントを用意し、アピールすることです。ただ、こちらが強すぎると、レジャー性が強調されすぎてしまいます。万博協会も今、悩んでいると思います。

――「いのち輝く未来社会のデザイン」というテーマの抽象性が足を引っ張っていないですか。

私はこれまで、国内外の博覧会に関わってきましたが、成功に必要なのは開催の「大義」を明確にすることです。多くの人が「確かに開くべきだ」と思える大義を練り込む必要があります。今回は、テーマについての説明が不足している以前に、この解読がやや足りていないと感じているので、さらに深掘りしていきたいと思います。

――2005年の愛知万博は、準備段階から市民の参加を求め、成功しました。

「万博のプロ」 イベント会社社長 澤田裕二さん
略歴：さわだ・ゆうじ。1957年生まれ。10を超える国内外の博覧会の展示や運営に参画。共著に『万国博覧会と人間の歴史』。

愛知では、万博協会が市民活動に詳しい専門家を起用し、万博への市民参加のあり方を議論するところから始めました。市民の意見をとり入れながら開催の大義を練り込み、成功につなげたのです。関西の市民は、こうした議論を得意としていると思うのですが、今回このプロセスに十分なエネルギーがかけられていないと感じます。できる限り多くの人の巻き込みを進めたいと思います。

――澤田さんは、万博を「社会を変える契機」だと主張されています。

来場者は、他国のパビリオンで訪日スタッフと会話することで、新たな疑問や理解を感じることができます。公式ガイドブックには、会場でどんな挑戦や交流が可能で、どんな経験や知識を持ち帰れるのかを書き込んで欲しいと思います。

市民参加には高い壁

大阪・関西万博では、民間団体がブースでの展示や関連イベントを行える「TEAM EXPO」という取り組みが予定されている。参加登録した団体は2024年7月末で1900に上る。ただ、内訳は企業が約55%、省庁や自治体といった行政機関が10%強、大学などの教育・研究機関が約10%を占めるのに対し、非営利の市民活動を担うNGOは5%ほどにとどまる。こうした登録団体が万博期間中に会場でブース展示を行う場合、1日あたり最低でも11万円、15分のステージ発表を含む場合は同22万円が必要になる。万博協会は、国内の大型展示会のブース料に比べて値段を抑えたと説明するが、多くのNGOにとっては決して安くない金額だ。

「万博で反面教師を演じて」　地方自治体はもっと発言を

ベストセラーになった絵本『世界がもし100人の村だったら』を2001年に出版した翻訳家の池田香代子さんは、SDGs(持続可能な開発目標)の理解促進にも取り組んできた。「SDGs達成への飛躍の機会」をうたう大阪・関西万博に対する受け止めや期待を聞いた。(2024年9月取材)

——国連がSDGsを採択したのは2015年です。この10年近くで理解は進んだと感じますか。

日本でSDGsが知られるようになったのは、第2次安倍政権が17年に、吉本興業によるSDGs関連の取り組みを表彰するなど、社会へのアピールを強めたころからでしょう。

吉本興業のタレントがＳＤＧｓを語り始めたことを受け、どんな企業でもＳＤＧｓに言及しないとダメだという雰囲気が社会に生まれたと感じます。政府を挙げた宣伝の影響はやはり非常に大きいです。

――普及したのはよいことではないですか。

ただ、社会の反応はまだぬるいと思います。ＳＤＧｓは言葉として知られるようになったとは感じますが、17ある目標を理解しているかや、取り組みを我が事として考えられているかという点には疑問が残ります。

――今回の万博は開催目的に、ＳＤＧｓ達成への貢献をうたっています。

大阪での万博とＳＤＧｓがどうつながるのかがまったく見えません。今回の万博は、大阪市が長らく処理に困ってきた「夢洲」にできるカジノのインフラ整備のためという目的がミエミエです。その狙いを隠すためにＳＤＧｓを持ち出しているのなら、いっそのこと、夢洲がゴミでできているということを強調し、自然環境に与えたマイナスの歴史をアピールしたらよいのにと思います。新興国に対し、経済成長に伴う負の側面を示して反面教師の役割を演じるのです。

――「１００人村」の印税で難民支援を重ね、社会活動も続けています。

私は翻訳家です。家にこもって世界の昔話を読んでいれば上機嫌な人間でした。ところが、「100人村」を出版したことで、交友関係が一気に広がったのです。その流れで、動画投稿サイトのユーチューブで「デモクラシータイムス」という政治社会チャンネルに参加しています。

——そうした活動で、社会を良い方向に変えることはできますか。

例えば環境問題という大きな課題に直面したとき、自分ひとりだけが心がけても事態は変えられないと考えてしまうのは、自然なことです。でも、もしそこで行動しなければ、私たちに抵抗することを諦めさせようとする大きな力に屈することになってしまいます。

私が社会活動を続けるのは、一人ひとりの行動によって世の中を前進させたり、誤った方向に流れるのを食い止めたりした爪痕を社会に残したいからです。微力を積み重ねて得られた小さな成功体験を、次世代に伝える必要があると思っています。

『世界がもし100人の村だったら』の著者　池田香代子さん
略歴：いけだ・かよこ。1948年生まれ。ドイツ文学の翻訳家。グリム童話や映画などの翻訳でも活躍している。
（写真は本人提供）

――今後、万博に期待することはありますか。

万博には国だけでなく、多くの自治体も関わっています。社会を前進させるにあたり、地方行政にはけっこう大きな力があります。地方自治体の首長は住民との距離が近く、その発言をより親身に受け止めてもらえます。各自治体の首長には万博を機に、ＳＤＧｓをはじめとする社会課題について、積極的に発言してほしいと思います。身近なところから変革が進むことに期待しています。

ＳＤＧｓ達成に高いハードル

日本は大阪・関西万博の誘致段階で、万博を通じたＳＤＧｓ達成への貢献をアピールし、国際機関「博覧会国際事務局」（ＢＩＥ）から開催地に選ばれた。背景には、ＢＩＥが21世紀の万博に、「地球的規模の課題の解決への貢献」を求めてきたことがある。一方で、国連が２０２４年６月に発表した報告書では、新型コロナや気候変動、世界各地での紛争が影響し、ＳＤＧｓの１６９のターゲットのうち、達成に向けて順調に推移しているのはわずか17％に過ぎない。３分の１超は停滞や後退しているという。日本は万博を通じ、いかにＳＤＧｓを国民に周知し、実践への機運を高められるかが問われる。

市民参加で「成功」の愛知万博　大阪が学べる経験は

「市民参加型万博」と呼ばれた２００５年愛知万博は、約２２０５万人が来場し、約１３０億円の黒字を出した。それから20年、大阪・関西万博が、活用すべき愛知万博のノウハウとは。愛知万博で市民参加事業「地球市民村」をプロデュースした元博報堂社員の中野民夫さんに話を聞いた。（２０２４年８月取材）

――「地球市民村」とはどういった事業だったんでしょうか。

万博期間中、さまざまな課題解決をする国内外のＮＰＯやＮＧＯが１カ月ごとに出展しました。「持続可能性への学び」をコンセプトに、展示やワークショップ（Ｗ

愛知万博の市民参加イベントのプロデューサー　中野民夫さん
略歴：なかの・たみお。1957年生まれ。博報堂時代は市民活動に携わる。早期退職後、東京工業大学などで参加型授業を展開。

S）などを展開しました。6カ月の会期中に200万人以上が訪れ、市民活動や世界の課題を広く一般の人に知ってもらうきっかけになったと思います。

――手がけるにあたってどういったことを工夫しましたか。

来場者に足を止めてもらえなければ意味がありません。それぞれの団体が熱量をぶつけて難しい話をするだけでは、興味は持ってもらえません。出展団体には、開幕1年前から10回近いWSに参加してもらいました。

――大阪・関西万博でも「TEAM EXPO」という民間参加のプログラムがあります。NPOやNGOだけでなく、企業や大学も参加する予定です。

万博では、自分たちの活動を知ってもらうきっかけ作りができます。間口を広げて誰でも参加できる場があることは大きな意義があると思います。小さな団体にとっては、万博に関わることが自信や信用性の向上につながるでしょう。

ただ、「誰でも」では、コンセプトや焦点がぼやけてしまうのでは、という懸念はあります。各団体のエンパワーメント（力を高めること）や、それを通じた社会の活性化にまでは至らないのではと思っています。地球市民村では81団体から参加の応募があり、開催趣旨などと照らし合わせながら30のホスト団体を選考しました。

――TEAM EXPOを魅力的な展示にするためのアドバイスはありますか。

ただ文字が並んでいたり映像が流れたりするだけでは、来場者への訴求力はありません。万博という場では、展示の質は担保されるべきです。地球市民村では、普段の活動をまとめただけの「学芸会」になってしまわないよう、事前のWSなど周到に準備をしました。雰囲気を作るのは万博協会の責任です。閑散とした会場にならないために、事前の準備や、他のパビリオンと連携したスタンプラリーなど、工夫が必要です。

――この時代に、万博を開くこと、万博に行くことの意義はなんだと思いますか。

万博自体が、建設や人の輸送などで環境に負荷をかけるイベントだというのは愛知万博の時代から言われていました。それでもイベントをするからにはその負荷を超える学びが必要です。大阪・関西万博のテーマは「いのち輝く未来社会のデザイン」ですね。これを出展者それぞれが深い意味で考え、解釈し、持ち寄れば豊かな学びの場になるでしょう。特にTEAM EXPOはただ展示を見るだけではない「生」のコミュニケーションができる場になり得ます。ぜひ来場者には全身で楽しんでほしいです。

愛知、市民主体で未来を議論

愛知万博では、企業や自治体だけでなく、NGOやNPOなどの市民団体が事業に参加した。愛知万博の主催者事業「地球市民村」と「市民プロジェクト」は、市民が主体となった。このうち、「市民プロジェクト」では、市民がシンポジウムや対話型フォーラムなどを開催。「対話劇場」では、250人以上のゲストが登壇し、21世紀の社会が抱える問題を提起する場になった。大阪・関西万博の「TEAM EXPO」は、ネット上や万博会場で参加団体それぞれの取り組みを紹介する。

「いのち輝く」万博にするには　性的少数者の求める取り組み

大阪・関西万博のテーマは「いのち輝く未来社会のデザイン」。主催する万博協会は、「すべての人の人権を尊重する」としているが、性的マイノリティーの権利を守る活動をしているNPO法人「虹色ダイバーシティ」（大阪市北区）の理事長・村木真紀さんは、「日本の現状を考えると、万博のテーマはまだ遠くに感じる」と語る。その真意とは。（2

024年6月取材）

——今回の万博はSDGs達成への貢献を掲げ、目標の中にはジェンダー平等も含まれます。

2024年4月、万博協会が人権ワーキンググループ（WG）を設置しました。LGBTQ（性的少数者）などマイノリティーの人権は後回しにされがちです。WGの設置などに取りかかるのが遅すぎるように感じますが、当事者の視点を入れてくれたのはよかったです。

NPO法人「虹色ダイバーシティ」理事長　村木真紀さん
略歴：むらき・まき。1974年、茨城県生まれ。外資系コンサル会社などを経て、2013年に虹色ダイバーシティを設立。

——誰もが安心して楽しめる万博になるには何が必要でしょうか。

参加者やスタッフが差別を受けるなどの人権侵害が起こらないようにすることが基本の「キ」です。そのためには、万博に関わる人への訓練と、もし人権侵害が起こってしまったときの救済措置が必要です。万博協会は職員やボランティアへの研修をし、私たちも協力します。救済措置は、協会が相談窓口を設置するようですが、多岐にわたる人権侵害にすべて対応できるのか、疑問が残ります。私たちのような市民団体とも連動して相談先を紹介するなど、まち全体で人権を保障するような形になるといいですね。

ただ、参加する日本の企業内でも全く差別がないとは考えにくいです。さまざまな企業が関わる万博は、普段からインクルーシブ（包摂的）な雰囲気作りをしていくためのいい契機になります。

――なぜ企業にとって多様性が必要なのでしょうか。

人権侵害をする会社は社会的評判を落としてしまいます。また、特に若い世代はダイバーシティー（多様性）に関心をもっています。すべての人の人権を守る姿勢を示すことは、企業にとっても離職を防ぐなど人材の確保につながります。従業員にも顧客にもＬＧＢＴＱの人はいるはずです。人権を守ることは企業にとって何もマイナスになりません。

――万博のテーマは「いのち輝く未来社会のデザイン」です。

今の日本では、ＬＧＢＴＱであるがゆえに社会的な支援を得られず、自ら命を絶つ人もいます。こうした中で「いのち輝く」と言われても心に響きません。背景にあるのは、政治家たちの心ない発言や、社会の差別的な意識です。日本では同性婚も認められていません。私たち性的少数者にとって居心地が悪い国で万博が開催される以上、その空間だけが居心地のいい空間になるということは考えられません。

――万博にはどういったことを期待しますか。

万博での取り組みが会期中だけで終わってほしくないです。1970年の大阪万博が今でも多くの人に愛されているのは、そこで未来への明るい希望が見えたからでしょう。今回の万博も若い世代がたくさん全国から来ます。すべての子どもたちが嫌な思いをせず安心して楽しみ、未来に向けて希望の種をまく万博になってほしいです。

会場にはバリアフリートイレも

国連は2030年までにSDGsの達成をめざしている。その年まで残り5年という節目で開かれる大阪・関西万博の基本計画では、SDGsへの取り組みが開催の意義だとされている。万博協会は人権方針を定め、「事業に携わるすべての人の人権を尊重」するとした。また、人権侵害のリスクを考え、防止策を立てたうえでチェックし、取り組みを公表する。ハード面では、会場にバリアフリートイレが設置されるほか、万博協会が各パビリオンにも車椅子対応トイレのほかにオールジェンダートイレを設置することを推奨している。

万博で多文化共生を促すには　在日コリアンが語るアイデア

大阪・関西万博には海外から161の国・地域が参加する。万博を、多文化共生や異文化理解に生かすアイデアとは。在日コリアンで外国ルーツの子どもたちの支援を続けてきた市民活動家、金光敏さんに聞いた。（2024年8月取材）

――万博協会は今回の万博の意義について、多様な文化や価値観の交流が進む、と説明します。

日本政府や大阪府・市によるパビリオンには、正直あまり期待していません。紹介されるのはおそらく、日本の独自技術のほか、一般的に考えられる日本の伝統、固有の習慣などでしょう。日本に外国ルーツのマイノリティー（少数者）が暮らすことに伴う多文化や、そこから生まれた日本の多様性への肯定的評価は含まれないだろうと想像します。

一方で、会場には各国のパビリオンも設けられます。学校単位での万博見学ではぜひ、クラスにいる外国ルーツの同級生と関係ある国のパビリオンを見てほしいです。

――なぜでしょう。

マイノリティーの子たちは普段、日本社会で自らと出身国の関係性を肯定的にとらえる機会に恵まれていません。母国のパビリオンを見ることは、彼らに自己肯定感を与える絶好の機会です。また、日本語以外の母語を話せる高校生に、通訳ボランティアをしてもらうなど活躍できるチャンスを期待したいです。日本語以外の言語を話せることは価値ある能力だと、彼らを励ます効果が期待できます。

――日本人の子どもたちのためには、どんな取り組みを求めますか。

単に会場を観光するだけでは、教育効果は限定的でしょう。大切なのは万博の観覧前後に、教室で他国の文化について、予習、復習をすることです。１９７０年の大阪万博の跡地にある国立民族学博物館（みんぱく）は学校向けに、外国文化の学習に役立つ文献やパネル、民芸品などをまとめた教材集「みんぱっく」を貸し出しています。万博協会にもぜ

在日コリアン３世の市民活動家　金光敏さん
略歴：キム・クァンミン。1971年生まれ。外国につながる子どもの支援に詳しい。著書に『学校のサンクチュアリ』など。

ひ、国別の教材集「ばんぱっく」を作ってもらいたいです。

——大阪には、多文化共生を実現してきた西日本最大のコリアタウンがあります。万博の運営で、その街づくりに学べることもありそうです。

都市の活性化や経済の発展には、多様性のある社会の存在が欠かせません。大阪には多くの外国ルーツの人たちが暮らしています。多様な人々を受け入れる寛容さがあるのです。万博をきっかけに、その価値をとらえ直してほしいです。

学校教育だけでなく、生涯学習の形で外国ルーツの人々との共生を学び続けられる仕組みが必要です。理解が進めば、必ずそれを生かした地域の魅力発信が可能になります。それが新たなビジネスチャンスにつながり、互助ネットワークの広がりをもたらします。

——著書で、一部自治体の多文化共生の取り組みを称賛しています。

大阪市教育委員会による外国ルーツの小中学生に母語や母文化の教育支援を行う「国際クラブ」は、カナダやオーストラリアといった移民受け入れを進める国と比べても見劣りしないと思います。ただ、現行制度のもとで市に雇われる専門職員らの給与は、実際の拘束時間に比べて低すぎるなど、持続可能だとは言えません。万博を機に、こうした部分に注目が集まり、改善が進むことを期待します。万博を一過性のイベントとせず、大阪の寛容性をいかに深め、広げるか、次の一手につなげることが大切です。

万博協会の職員構成、遠い多様化

大阪・関西万博の会場には、イスラム教徒ら向けの礼拝室のほか、宗教に絡む食品タブーに配慮した飲食店が設けられる。万博協会が掲げる「ジェンダー、人種、文化など、多様な人々に配慮した会場運営」の一環だ。一方で、万博の運営面で、外国人らマイノリティーの発想をどこまで採り入れられるかは見通せない。万博協会の職員は日本人で占められ、男女比もおおむね8対2で男性が圧倒的多数を占める。また、環境への配慮や催事などを人権や包摂性（インクルーシブネス）の点から評価・提言する有識者委員会の9委員や、四つあるワーキンググループの委員にも外国人はいないという。

障がい者と知り合う仕掛けを　万博に願う真のバリアフリー

大阪・関西万博では、すべての人が暮らしやすいインクルーシブ（包摂的）な社会づくりもテーマの一つだ。障がい者向けの介護施設を長く経営し、万博のパビリオンの制作に助言する会社社長、中西良介さんに万博への思いを聞いた。（2024年8月取材）

——なぜ、万博協会の独自パビリオンに関わることになったのですか。

万博協会がつくる八つのパビリオンの一つを担う音楽家の中島さち子さんから、知人経由で誘われました。中島さんは「どんな人でも楽しめるパビリオンをつくりたい」という思いを抱き、仲間を探していたのです。

——担当するパビリオンは「クラゲ館」と呼ばれています。

私たちは毎月1回、建設や印刷、広告といった会社の社員ら計約60人で会議を重ねています。中島さんはその場で、クラゲ館で表現したい「インクルーシブ」の理念を説明しますが、多くの出席者はその内容を理解できていないと思います。

——なぜでしょう。

日本社会でまだ実現できていない理想を語っているためです。例えば、クラゲ館にも、誰もが使いやすいユニバーサルデザインの設備がとり入れられています。でも、それらは突き詰めれば、障がい者が1人でも困らないようにするのを目的にしています。中島さんや私が唱える「インクルーシブ」とは、こうした設備に頼るのではなく、人との結びつきで助け合える状態を指します。

――障がい者との共生について、日本社会の現状をどう見ますか。

日本人は障がい者に、とても優しいと感じます。一方で、私は、その優しさは見せかけで、無関心の裏返しではないかとも考えています。介護はヘルパーら専門職任せで、多くの国民に障がい者と日常的に触れ合う機会はほとんどありません。私は、否定的な感情でもいいから、障がい者に関心を抱いてほしいのです。将来、国が貧しくなった時に現状のような無関心が続いていれば、多くの障がい者は暮らしていけないだろうと懸念しています。

――無関心を改める方法はありますか。

私は障がい者とのつきあいを通じて、身の回りを流れる時間の速度が異なることを教わりました。また、一生懸命に生きることが重要で、あくせくと効率を追うことがすべてではないと気付かされ、肩の力が抜けます。クラゲ館関連の会合では、障がい者のある女性

重度心身障がい者を支える
中西良介さん
略歴：なかにし・りょうすけ。1979年生まれ。介護施設経営会社「ノーサイド」社長。社名を冠した元社員らの福祉施設は全国20カ所に上る。

の隣席が、参加者の間で取り合いになっています。彼女との会話から、自分になかった考え方や異なる視点を得られることに気づいたためです。

——万博協会への要望はありますか。

インクルーシブな社会づくりに必要な人と人の結びつきは、効率を追求するシステムの対極にあると思います。万博会場では、来場者が互いに知り合うことに喜びを感じられるような仕掛けや雰囲気をつくってもらいたいです。もう一つ、万博で紹介される最新のテクノロジーは本来、障がい者ら社会的弱者と相性がいいはずです。障がい者が使いやすい機能を備えることで、すべての人に優しい製品になっているはずだからです。でも、例えば入場券のネット販売一つを見ても、IT弱者に優しいシステムだとは思えません。万博協会にはこうした点も、弱者の立場から見直してほしいですね。

障がい者の声も万博運営の参考に

万博協会は2020年12月に出した万博の基本計画で、「障がい者、高齢者など、世界中の多くの人が参加できるインクルーシブ（包摂的）な万博を実現する」と宣言した。会場では誰もが使いやすい「ユニバーサルデザイン」の設備を設け、先端技術を用いた「ユニバーサルサービス」を提供するとうたう。パビリオンの出展者や関係業者などに向け、注意すべき点を定めたガイドラインも公表している。さらに、こうした目標の達成に向け、外部の有識者による委員会を設けた。委員会のもとにあるワーキンググループには車いすを利用する障がい者団体の幹部もおり、当事者の指摘を万博の運営に取り入れようとしている。

おわりに

大阪・関西万博の開催も、準備段階での迷走も、約12年前のある政治的な出会いから始まりました。それは、安倍晋三元首相と菅義偉元首相、ともに日本維新の会代表を務めた橋下徹氏、松井一郎氏の４人です。

橋下、松井両氏は２０１２年、地域政党・大阪維新の会が掲げる大阪都構想を実現させるため、国政の新党設立に動いていました。都構想の住民投票を実施する根拠法がなく、国政で他党に圧力をかけて法律を成立させるためでした。その新党のリーダーに担ごうとしたのが、当時野党の自民党で無役だった安倍氏です。

橋下氏が大阪府知事に初当選した08年知事選。この時に橋下氏を支援した自民党本部の選挙対策副委員長だった菅氏と、自民の府議で橋下氏を支援していた松井氏が知り合います。それ以降、２人は意気投合。橋下、松井両氏は、菅氏が信頼を寄せる安倍氏をトップに担ぎ、保守系の新党を立ち上げて政界再編をもくろみました。

12年４月、松井氏は安倍氏に「僕らを利用して日本を変えてください」と自民から離党するよう訴えます。ただ、安倍氏は首を縦には振りませんでした。安倍氏はその後、自民総裁に返り咲き、同年12月の衆院選で政権奪還を果たします。一方、結果として橋下氏がトップに就いた日本維新の会は初の国政選で54議席を獲得し、第3党に躍り出ました。

こうした経緯を経て、安倍政権と維新との強固な蜜月関係が始まるのです。

安倍、菅両氏は維新を政策面で支えます。万博の誘致もその一つでした。

橋下氏が維新の目玉政策として万博を掲げた当時、府政を担当していた私も、府庁幹部も、「夢物語」だと思っていました。しかし、15年12月、安倍、菅、橋下、松井の4氏が会食し、事態は急転します。当時、「健康・長寿」を万博のテーマに想定していた松井氏は「少子高齢化社会の課題解決に万博は必要だ」と安倍氏に力説。同調した安倍氏は、その場で菅氏に関係官庁を動かすよう指示します。

安倍、菅両氏にとって維新は利用価値の高い存在でもありました。安倍氏の悲願だった憲法改正を実現させるための貴重な「改憲勢力」であり、連立政権を組む公明や野党を牽制する役割も担えたからです。

それから話はトントン拍子で進みます。

安倍氏は国会で、東京五輪後の景気浮揚策として万博の意義を強調。17年4月には誘致への立候補が閣議了解されました。橋下氏が万博構想を掲げてわずか3年。閣議了解まで7年かかった05年愛知万博と比べても駆け足で進んだのが分かります。

ただ、当時「官邸1強」と呼ばれ、永田町・霞が関を支配した安倍政権による強力すぎる維新への後押しが、その後の迷走の要因にもなったのではないか。私はそう思うのです。

18年に大阪での万博開催が決定した約2年後、安倍氏は首相の座から降ります。その後継となった菅政権も当初は高い支持率を誇ったものの、コロナ禍の政権運営で批判が強まり、わずか約1年で政権を追われることになりました。この時点で、維新は政権の後ろ盾を失ったと言えます。

菅氏の後任として首相に就いた岸田文雄氏は、維新との強いつながりはありませんでした。安倍氏は22年7月、参院選の遊説中に凶弾に倒れて亡くなりました。菅氏は岸田政権では非主流派となっていました。

万博の参加国が独自に建てる「タイプA」パビリオンが、大幅に遅れていることが表面化したのは23年7月のことです。

岸田首相はその翌月、関係閣僚らを集めた会合で「万博の準備は胸突き八丁の極めて厳しい状況に置かれている」と危機感を語り、首相自身が政府の先頭に立って課題に取り組む決意を示しました。それでも開催経費の増額など、万博準備における問題が次々にあらわになっていきました。

維新はそれまで、国政選などで万博を「実績」としてアピールしてきました。ただ、万博は枠組みで言えば、国が主体のイベントです。政官財がオールジャパンで向き合うはずの事業です。しかし、維新が前面に出すぎることで、選挙で維新と争う他党には、万博に対する心理的な距離感は当然出てくると思います。

さらに言うと、維新は国政において与党ではなく、野党第2党の存在に過ぎません。国家事業を動かすには、政府・与党だけでなく、万博に慎重な政党にも配慮や謙虚な姿勢が必要だったはずですが、そうした姿勢よりもむしろ、「万博出禁」発言など神経を逆なでするような言動が目立っていたと思います。

24年7月に大阪経済大学の秦正樹・准教授（政治心理学）にインタビューした際、秦さんはこう指摘していました。

「維新にとっての最大のアクシデントは、安倍元首相が不在になったことでしょう。維新は安倍氏頼みだった。その後の菅首相ともつながりが強かったため、菅政権が続けば、少なくとも万博の準備段階まではこれで大丈夫だと思ったのではないか」

「万博は政治的にも国が支える態勢をつくらねばならないが、菅政権後、特に国政の維新はその汗をかいてこなかったと思う。万博が大阪の話になってしまい、国全体に広がっていない印象がある」

時の政局から生み出され、その政局の変遷によって移ろい、準備段階で大きく迷走した万博。それでも、会場建設費だけで公費を含む最大2350億円が投じられる大型プロジェクトは25年4月に開幕します。人類共通の課題解決をめざし、人類の叡智を結集する——。そう掲げる理想に、大阪万博は資するものになるのか。維新の責任は重いことは言うまでもなく、ここまで事業を進めてきた政府、経済界なども責任を持って、オールジャパンで取り組まなければなりません。万博事業の評価は、開催後も厳しく問われていきます。

本書は、朝日新聞ネットワーク報道本部の行政担当グループ、大阪経済部、大阪社会部の担当記者が中心となって執筆を行いました。府庁担当キャップの吉川喬、大阪市役所担当キャップの菅原普、大阪経済部キャップの西村宏治をはじめ、箱谷真司、諏訪和仁、山根久美子、野平悠一、岡純太郎、西晃奈、原田達矢、松岡大将の各記者が、今回の万博の道筋への記録を歴史に残そうと、多忙の合間を縫って書き上げたものです。特に、府政担当で万博を担当する箱谷記者は、本書の構成を担い、寝る間も惜しんで過去の資料にあたり、今回の大半の原稿に携わりました。

また、大阪社会部の石田耕一郎記者が岡野翔、甲斐江里子の両記者とともに有識者らにインタビューし、開幕前の万博の課題を探りました。万博の取材では東京本社の政治部、経済部との連携も欠かせませんでした。明楽麻子、相原亮、岡村夏樹、川辺真改の各記者の力なくしては本書の出版はできませんでした。

原稿の監修は、私のほか、経済部の伊澤友之、大阪社会部の坂本泰紀、ネットワーク報道本部の柳谷政人の各次長が担当。また、ネットワーク報道本部の島俊彰本部長代理、経済部の野島淳部長代理、大阪社会部の大高敦部長には、本書の出版を後押ししていただき、感謝しています。刊行に大きなお力添えをいただいた朝日新聞出版の吉崎洋夫さんにも大変お世話になりました。

万博の成否にかかわらず、本書が国家プロジェクトを検証する一助になればと願っています。

朝日新聞ネットワーク報道本部次長　池尻和生

朝日新書
988

ルポ 大阪《おおさか》・関西万博《かんさいばんぱく》の深層《しんそう》

迷走する維新政治

2025年2月28日第1刷発行

著　者　朝日新聞取材班

発行者　宇都宮健太朗
カバーデザイン　アンスガー・フォルマー　田嶋佳子
印刷所　TOPPANクロレ株式会社
発行所　朝日新聞出版
〒104-8011　東京都中央区築地5-3-2
電話　03-5541-8832（編集）
　　　03-5540-7793（販売）

Published in Japan by Asahi Shimbun Publications Inc.
ISBN 978-4-02-295300-1
定価はカバーに表示してあります。

落丁・乱丁の場合は弊社業務部(電話03-5540-7800)へご連絡ください。
送料弊社負担にてお取り替えいたします。